문어 반 사계

문어 반 사계

2025년 2월 19일 초판 1쇄 발행

지은이   김지혜

펴낸곳   읽고쓰기연구소
발행인   이하영
그림·디자인 홍윤이
제작   정우P&P 이승재
도서문의 02-6378-0020
팩스   02-6378-0011
출판등록 제2021-0000169호
주소   서울시 마포구 동교로 136 서강빌딩 202호
이메일   writerlee75@gmail.com
블로그   blog.naver.com/editor93

ⓒ김지혜

ISBN 979-11-988726-4-7

꿈꾸는 문어들의 신나는 교실 이야기

문어 반
사 계

김지혜 지음

봄, 여름, 가을, 겨울, 그리고 다시 봄

내일 새 학교 첫 출근을 앞두고 있습니다. 학교를 옮긴 해에 연구년을 보내고 올해 교무부장이라는(그동안 꿈꿔 본 적도 없는) 중책을 맡게 되어 한편 마음이 무겁기도 하고, 새로 펼쳐질 학교생활이 기대되기도 합니다. 연구년이라는 시간은 늘 몸담아 온 학교로부터 한 발짝 떨어져 조금은 객관적인 눈으로 교육 현장을 바라볼 수 있는 값진 기회였습니다. 그 시간 동안 『문어 반 사계』도 쓸 수 있었고요. 제 연구 주제가 '예술·체육 활동 몰입이 교사의 회복과 성장에 미치는 영향'으로 신규, 저경력 교사에게 도움이 되는 활동을 하는 게 목표였고, 책 쓰기를 그 활동의 일환으로 진행한 것입니다. 처음 아이디어를 떠올리고 박균호 작가님께 의견을 여쭤 보았지요. 학교에서 실천했던 것들을 이야기 형식으로 써보고 싶다는 제 말에 재미있는 책이 될 것 같다고 격려해 주셔서 시작할 수 있었습니다. 덕분에 연구년 과제 하나를 마칠 수 있어 기쁩니다.

그동안 만났던 아이들을 떠올려 글을 쓰는 시간들은 그 어떤 휴식보다 즐거웠습니다. 학교라는 곳이 어디 좋은 일만 있는 곳이겠습니까? 하지만 '추억은 언제나 달콤하다'라는 말이 있듯이 아이들과의 추억을 떠올리며 교실 이야기를 써내려 가기 시작하자 슬픔보다는 행복이, 절망보다는 희망이 더 많이 솟아났습니다.

해가 갈수록 교사를 바라보는 시선은 차가워지고, 손길이 필요한 아이들은 많아지고 있는 것 같습니다. 그럴수록 선생님들 스스로가 따뜻한 눈으로 자신을, 그리고 동료들을 바라보셨으면 좋겠습니다.

글을 다듬으면서 계속 미소를 머금었던 저는 수정한 조판본을 가장 먼저 딸에게 읽히고 어떤 반응이 나오나 궁금해했습니다. 나에게 재미있는 일화가 다른 사람에게도 흥미로울까, 하는 걱정이 컸거든요. 다행히 저의 첫 독자는 "읽고 있으

니 힐링 된다"라고 하더군요. 엄마를 위하는 마음으로 하는 말
인 줄 알면서도 힘이 났습니다.

책을 쓰면서 가장 먼저 떠올린 독자는 교직생활에 적응하
느라 바쁘고 힘든 신규, 저경력 선생님들입니다. 책을 세상에
띄워 보내는 시점에서는 이 책이 그분들은 물론 저를 아끼는
많은 선생님들과 친구들, 첫 책을 열심히 읽어 준 작년 우리
반 아이들(이거 우리 이야기네, 하겠네요), 그동안 만났던 제자들,
학교생활이 궁금한 학부모님들, 교사가 꿈인 학생들, 초등학
교 시절이 그리운 중학생들 등 소소하고 잔잔한 이 이야기에
자신의 경험을 더해 더 깊은 영감을 나눠 주실 다양한 분들을
만날 것을 상상해 봅니다.

이 책의 주인공인 제자들에게 감사한 마음을 전하고 싶습
니다. 혼자 보고 느끼기에 아깝다고 생각했던 순간들을 이 책
에 담아 나눌 수 있게 되어 행복합니다. 출간이라는 험한 언덕
을 넘은 저 자신에게도 수고했다고 말해 주고 싶습니다. 한 권
의 책을 완성하기까지의 과정이 그러하듯이 우리에게 도전이
되는 그 어떤 힘든 일도 그 과정을 단계별로 잘게 나누고, 머
리를 맞대어 힘을 합하면 결국 해낼 수 있을 거라 믿습니다.

영원한 부부 교사이자 지금의 저를 있게 하신 사랑하는 부

모님, 감사합니다. 서로에게 힘을 주었던 많은 선생님들, 감사합니다. 첫 책이 재미있었다고 응원해 주셔서 다시 책 쓸 용기를 내도록 해준 독자님들, 감사합니다. 근 4년을 한결같이 의욕을 북돋아 주신 대망국가대표태권도 엄재영 관장님과 홍민수 사범님, 감사합니다. 창단부터 제4회 정기연주회까지 함께해 주신 경기에듀오케스트라 마상학 지휘자님, 최윤자 단장님, 구경순 부단장님과 단원 분들께도 감사드립니다. 모든 영광을 하나님께!

이 책을 펼치신 독자님, 사랑합니다.

2025년 2월

김지혜

차례

SEASON 2. 달고 시원한 수박, 여름날들

SEASON 3. 잘 영근 석류, 가을날들

SEASON 4. 귤 향기 가득, 겨울날들

상큼한 딸기, 봄날의 문어 반

긴장 혹은 설렘

3월 2일 수요일 오전 8시

잠깐 날이 풀렸나 싶더니 출근길, 다시 겨울을 느낀다. 아이들의 마음도 지금 얼어 있겠지. 어떤 얼굴들을 만나게 될까? 설렘 반, 걱정 반인 마음을 안고 교실에 들어간다.

아이들이 들어오기 전 미리 준비해 둔 자료들을 확인한다. 아이들의 자기소개 학습지, 교사와 학급 소개 프레젠테이션 자료, 아이들 책상 위 미리 이름을 써서 올려둔 교과서, 칠판에 붙인 자리표……. 화이트보드에 적은 '만나서 반가워요!' 아래에 자리표를 붙이고 할 일 순서를 적어 두었다.

1. 자기 자리 찾아 자리 정리하고 앉기
2. 교과서 확인하고 사물함에 넣기
3. 학급문고에서 책 가져 와 읽기

딸기 방울로 머리를 야무지게 묶은 여자아이가 엷은 미소와 함께 문을 열고 들어온다.

"안녕하세요." 내가 인사한다. 수줍은 얼굴로 아이도 답한다. "안녕하세요."

"반가워요. 칠판에 붙어 있는 표를 보고 자리에 앉으세요."

6학년 담임을 계속 맡아서일까? 3학년 아이가 너무 작고 귀여워 보인다. 꼬물꼬물 하는 손을 보니 아이들 손을 '고사리손'이라고 하는 이유를 알겠다.

한둘씩 계속 들어온다. 내가 칠판을 손으로 가리키자 아이들은 칠판에 적힌 지시사항을 확인하고 자리에 앉아 조용히 할 일을 한다. 교실이 반쯤 차니 아이들끼리 서로 이야기를 나누기 시작한다. 작년에 같은 반이었던 아이들과 학원에서 본 아이들은 같은 반이 되었다며 좋아했다.

9시가 되어 출석을 부르고, 각자 교과서를 확인해 사물함에 넣게 한다.

"선생님 이름은 오소리 아니고, 고소라 아니고, 오소라예요."

아기 옥수수 같은 이 사이로 참았던 웃음이 터진다. 심혈을 기울여 만든 프레젠테이션 파일을 열어 교사 소개와 간단한 학급 안내를 마치고, 학생 소개 시간이 되었다. 학습지에 자기 얼굴을 그리고 자신이 잘하는 것, 좋아하는 것을 적은 다음, 쉬는시간 후에 발표하기로 했다. 첫날이라 그런지 아이들이 조용하다. 이틀 정도는 이 상태가 지속되겠지. 장난꾸러기 본색을 드러내기까지는 이삼 일이 걸리니까.

아이들이 자기소개 학습지를 기록하는 동안 나도 할 일이 있다. 아이들의 개인 사진을 찍어 두는 것이다. 화이트보드를 치우고 초록 칠판에 전날 그려 둔 날개 그림을 공개한다. 학습지를 채우던 아이들이 탄성을 지른다.

"와! 선생님이 그린 거예요?"

몇 년 전 유튜브 한 영상에서 어떤 선생님이 그렸던 날개 그림을 따라 그려 보았다. 매년 첫 시간, 아이들을 날개 앞에 세워 사진을 찍는다. 이름을 빨리 외울 수 있어 좋다. 전담 선

생님들께 그런 용도로 사용하시라고 보내 드리기도 한다. 또
하나의 쓰임이 있다. 아이들의 사진을 인쇄해 코팅한 후 뒤에
자석을 부착한 다음 칠판의 한쪽에 붙여 두면 우유 먹은 아이
들을 표시할 때도, 과제 한 아이들 표시할 때도, 모둠을 나눌
때나 의견을 표시할 때도 아주 유용하다. 아이들은 친구들의
얼굴 사진으로 하트 모양, 별 모양을 만들며 놀기도 한다.

아이들 키에 맞춰 그린 하얀 날개. 한 명씩 번호대로 나와
날개 가운데에 선다. 아이들이 모두 천사가 된다. 한 해 동안
천사처럼 지내렴. 쉬는시간에 아이들이 우르르 몰려나오더니
날개를 자세히 본다.

"진짜 잘 그렸다."

여기저기서 들려오는 감탄. 선생님도 소싯적에 미술학원
다녔단다, 아이들아.

오늘부터 문어 반

3월 3일 목요일

"어제 말했던 학급 이름 생각해 왔나요?"

'아니요' 반, '예' 반. 뭐든지 반반이야. 반반 반이라고 해야 하나?

"학습지의 빈 곳에 생각을 적어 보세요. 우리 반이 어떤 반이 되었으면 좋겠는지, 그리고 원하는 학급 이름과 그 이유도 적어요."

10분 후, 아이들과 브레인스토밍을 시작한다.

"어떤 반이 되면 좋겠어요?"

아이들이 이야기한다.

"잘 돕는 반이요."

"친구들과 사이좋게 지내는 반이요."

"잘 노는 반이요." 눈이 큰 아이, 연주가 말하자 아이들이 웃는다.

"잘 노는 것, 중요하지요. 서로 돕는 건 정말 감동적이에요. 전에도 3학년을 한 적이 있는데 누구 한 명이 우유를 쏟으면 여기저기서 휴지를 든 아이들이 달려와 닦아 주었어요. 우리 3학년 4반도 그런 반이 되었으면 좋겠어요."

"네!" 일단 대답을 잘한다. 합격! 남을 도우려는 마음이 있으면 평화로운 학급이 되겠지?

"지금부터 자신이 원하는 학급 이름과 이유를 발표할게요. 앉은 순서대로 하겠습니다. 혹시 아직 생각하지 못했으면 그렇다고 말하고 넘어가면 됩니다."

셋 중 한 명씩은 발표를 한다.

"좋은 향기가 나는 향기 반이요."

"평범한 게 좋은 거니까 흔한 반이요."

옆에 있던 아이들이 말한다. "평범한 게 뭐가 좋아? 특별한 게 좋은 거지."

"아니거든." 시끌시끌하다.

"친구의 의견을 존중해 주세요. 다음 친구!"

"문어 반이요. 문어는 뇌가 아홉 개라서 엄청 똑똑하대요. 우리 반 친구들도 똑똑하게 자라면 좋겠어요." 동물을 좋아하는 주남이다운 생각이다.

"우와! 좋다."

아이들이 탄성을 지른다. 여자 아이들은 "징그러워!" 하고 말하기도 한다.

투표 끝에 23명 중 17명에게 표를 받은 이름, 문어 반이 되었다.

"그럼 이제 캐릭터를 그리고 노래도 정해 볼까요? 문어 그리기는 어렵지 않을 것 같은데요. 문어 다리 몇 개인지 알지요?"

"열 개요!" 아이들이 웅성거린다.

"농담이에요." 자리표를 보니 훈조라는 아이다. 귀엽네.

"선생님, 노래는 〈문어의 꿈〉 어때요?" 누군가가 말했다.

"좋아요!" 아이들이 모두 외친다.

"그럼 한번 불러 봅시다."

유튜브로 노래를 찾아 튼다. 크레용으로 그린 귀여운 문어 그림이 등장하고 아이들 입가에 미소가 가득하다.

"나는 문어 / 꿈을 꾸는 문어 / 꿈속에선 무엇이든 될 수 있어……."

"야아아아아!" 아이들의 목소리가 더 커진다. 옆 반에 들릴 것 같은데.

"문어 반 구호도 생각해 보세요."

종이에 몇 명의 아이들이 구호를 적고 발표했다. 그중 우리는 이렇게 정했다.

"생각하고 꿈꾸는, 사랑스런 문어 반!"

생각하고 꿈꾸는 사랑스런 문어들아, 일 년 동안 잘 지내보자.

티끌을 모아 볼까

3월 4일 금요일

"선생님은 매년 '스스로 체크판' 제도를 운영해 오고 있어요. 100칸짜리 종이판에 매일 과제를 다 하고 준비물 잘 갖추고 하루 동안 친구와 다투지 않고 성실하게 수업에 참여하면 칸에 스스로 동그라미를 하나씩 그려요. 100칸을 다 채우면 작은 선물을 드릴 거예요. 올해도 할까요?"

아이들에게 물었다.

"뭐라도 받으면 좋을 것 같아요." 정민이가 말한다. 아이들도 동의했다.

"그럼 체크판 나눠 드릴게요. 학급 친구 모두가 20, 40, 60, 80 칸에 도착하면 자리를 바꾸고 영화를 보겠습니다. 모두가 80 칸을 채운 날은 작은 파티를 해요."

"와! 좋아요."

아이들에게 판을 나눠 주고 알림장에 붙이게 한다.

"대신 알림장을 안 가져와 체크판이 없어서 못 붙인 경우, 다음날 전날 것을 칠할 수 없어요. 그러니 매일 알림장 잘 가지고 다니세요. 친구에게 점수를 나눠 주는 것도 안 됩니다. 자기 점수는 스스로 모으기로 해요."

아이들은 알림장 공책 표지 안쪽에 체크판을 붙였다. 이름하여 '티끌 모아 태산'이다. 조금 빳빳한(120g) 연보라색 A4 용지에 인쇄했다. 한 페이지에 여섯 장이 들어간다. 아이들의 상기된 얼굴을 보니 나도 덩달아 설렌다.

스스로 체크판, 공동의 목표

오래전 미군부대 안에 있는 미국 학교에 견학 간 적이
있습니다. 인상적인 장면이 많았지만 가장 잊을 수 없었던
건 아이들 책상에 붙은 종이였습니다. 선생님이 칭찬의 말을
하자 아이들이 환한 얼굴로 책상 위 종이를 뒤집더니
연필로 번호 위에 동그라미를 그려 넣더군요. 그야말로
'유레카'의 순간이었죠. 그 후로 매년 어느 학년을 맡든
'스스로 체크판'을 사용하고 있습니다. 6학년도 이 체크판을
소중하게 다루고 작은 것인데도 선물 고르는 걸 정말
행복해합니다. 체크판을 알록달록하게 칠하는 아이,
하트 모양으로 칠하는 아이… 저마다의 방법으로 칸을
채워 갑니다. 가끔은 속이는 아이도 있지만 옆 친구의
눈초리 때문에라도 정직하게 하려고 노력하는 모습을 볼
수 있습니다. 과제를 다 하면 스스로 체크하게 하는 이
제도는 교사가 주는 스티커를 모으는 칭찬스티커판과는
조금 다릅니다. 물론 이런 보상 없이도 잘하면 더할 나위
없겠지요. 다 같이 목표에 도달했을 때 자리를 바꾸고 함께
영화를 보는 날의 설렘을 아이들은 모두 즐깁니다. 아이들이
세우는 '공동의 목표'는 활기찬 학급 운영의 윤활유라고
생각합니다.

월요일 아침에는

3월 7일 월요일

"주말 잘 보냈나요? 오늘부터 매주 월요일마다 '주말 이야기'를 할 거예요. 꼭 주말에 있었던 이야기만 하는 건 아니고, 한 주 동안 자신에게 있었던 이야기 중 어떤 것이든 해도 됩니다. 무슨 이야기를 할지 미리 생각해 두세요."

첫 발표자를 뽑았다. 컵에 담긴 아이들 이름이 적힌 아이스크림 막대 중 하나를 뽑는다.

"시연 님이 시작이네요. 시연 님 다음에는 앞으로, 옆줄에서 다시 뒤로, 이렇게 앉은 줄대로 발표하겠습니다."

시연이가 말한다. "저는 어제 댄스학원 친구들과 발표회를 했어요. 호수공원에서요. 떨리고 쑥스러웠지만 신나고 재미있었어요."

아이들이 손뼉을 친다. 친구의 이야기가 끝날 때마다 박수하기로 했다.

"언제 춤추는 것 보여주세요. 7월쯤 발표회를 할 거예요." 내가 말한다.

"네!" 역시 시원한 대답. 마음에 들어.

주민이 차례다.

"저는 토요일에 일어나서 아침을 먹고, 점심에 버거킹 가서 햄버거를 두 개 먹고, 저녁에는 뷔페에 가서 배가 터지게 먹었어요."

"우와! 좋겠다." 아이들이 한 목소리로 말한다.

"누구 생일이었나요?" 내가 묻는다.

"아니요. 그냥 갔어요."

"영진 님은 뭘 하며 보냈나요?"

침묵. 말이 없다.

"생각 안 나면 특별한 일 없었어요, 하고 말해도 돼요."

영진이가 모기 소리로 "생각 안 나요." 한다. 이 친구가 앞으로 말을 잘하게 되기를.

호리호리하지만 강단 있는 대균이 차례다. "부모님이랑 집에서 영화 봤어요."

"무슨 영화를 봤을까요?"

"〈스파이더맨〉이요."

친구들이 묻는다. "그거 봐도 돼? 몇 세 관람이야?"

"몰라. 부모님이 보자고 했어."

"재미있었나요?" 내가 묻는다.

"네. 무서운데 재미있었어요." 아이들 박수.

"선빈 님은 뭘 하셨나요?"

"저는 감기 걸려서 병원에 갔다 왔어요."

"지금은 괜찮은가요?"

"네. 약 먹어서 다 나았어요."

"다행이에요." 아이들의 박수. 교사가 먼저 손뼉 치면 아이들도 따라 친다.

평범한 일상이 점점 더 버라이어티해질 것을 기대해 본다.

"선생님은 뭘 했는지 안 물어요?"

"선생님은 뭐 하셨어요?" 아이들이 묻는다.

"선생님은 친구들과 만나 연주 연습을 했어요."

"선생님, 무슨 악기 하세요?"

"바이올린을 연주해요."

"우와! 보여주시면 안 돼요?"

"당연히 되지요. 다음에 악기 가져와서 보여드릴게요."

나의 일상도 오픈한다. 아이들은 나에 대해서도 관심이 많다. 가장 많이 묻는 말은 "선생님 몇 살이에요?"와 "결혼하셨어요?".

주말 이야기, 우정이 깊어지는 선물

월요일 1교시를 국어나 자율 시간으로 넣고 아이들 이야기 듣는 시간을 잠깐 가집니다. 처음에는 "생각 안 나요."나 "아무것도 안 했어요." 하고 이야기하거나 짧게 말하지만 시간이 갈수록 아이들의 이야기는 길어지고 기발해집니다. 이 '주말 이야기' 시간은 아이들의 발표력 향상과 다른 이의 말에 귀 기울이는 듣기 훈련으로 좋기도 하지만 친구의 가족 이야기나 고민들을 조금씩 알게 되면서 서로를 더 잘 이해하게 만들어 준답니다. 학기말이 되면 학급이 정으로 끈끈해지지요. 국어 진도 나가는 것도 좋지만 이 자체가 국어 수업이라고 생각하며 언젠가부터 매년 '주말 이야기' 시간을 갖고 있습니다. 처음에는 쭈뼛대던 아이들도 이 시간을 점점 좋아하게 됩니다. 아이들 입장에서는 수업을 빼먹는 느낌도 있겠지만, 자신도 모르는 사이에 발표력이 성장하여 이야기꾼이 되어 갑니다. 주말 동안 있었던 일을 보다 재미있게 말해 주려고 미리 생각해 오기도 하고, 주말을 의미 있게 보내려는 마음을 갖기도 합니다.

함께여서 좋아!

3월 8일 화요일

"교실이 시끌시끌한 걸 보니 며칠 사이에 친구들과 서로 많이 친해졌나 봐요. 오늘은 모둠을 만들겠습니다."

번호 순으로 앉은 아이들의 책상을 넷씩 붙여 모둠을 만들었다. 마지막 한 모둠은 세 명으로 했다. 스물세 명이 여섯 개의 모둠으로 나뉜 것이다.

"먼저 모둠 이름과 모둠 규칙, 그리고 각자의 역할을 정합니다. 모둠을 상징하는 캐릭터를 그려 보세요. 모둠 구호도 만들면 좋아요. 조금 후에 발표하겠습니다."

앞뒤로 앉아 조금은 친해진 아이들이 모둠이라는 작은 공동체 안에서 더 끈끈해질 것이다. 이끔이, 도우미, 기록이, 칭찬이의 네 가지 역할을 하나씩 맡아 모둠을 이끌거나 친구를 돕거나 기록을 하거나 친구들을 칭찬하는 자신의 의무를 마음에 새긴다. 자신이 맡은 역할에 한 달 여의 시간 동안 최선을 다하고자 노력할 것이라 믿어 보자.

모둠들 사이를 지나며 아이들의 활동을 확인한다. 여자아이들만 모인 모둠은 '네 자매', 얼마 전에 〈스파이더맨〉을 보았다는 대균이네 모둠은 영락없이 '스파이더맨'이 되었다. 각각의 재료가 모여 맛있는 햄버거가 되듯 각자의 재능을 모아 훌륭한 모둠이 되자는 의미로 '햄버거'로 정한 모둠도 있다. 모둠원이 셋인 6모둠은 '세 잎 클로버'라고 지었고, 양을 좋아하는 영진이네 모둠은 '아기 양'으로 명명하고 구호도 만들었다. "메에, 메에, 아기 양!" 염소인지 양인지, 어쨌든 엄지 척. 각 모둠은 '수업시간에 조용히 하기', '할 일 잘하기', '좋은 말 사용하기'와 같은 모둠 규칙도 정했다. 스파이더맨 모둠 규칙은 '나대지 않기(?)'라고 한다. 이런⋯⋯.

한 모둠씩 나와서 모둠명과 규칙을 말한 후 모둠 구호를 외치고 들어갔다.

"시연, 다정, 선아, 지연, 네 자매 파이팅!"

"문어 반엔 우리가 필요해, 스파이더맨 포에버!"

"메에 메에, 서로서로 아끼는 귀여운 아기양!"

"행운이 아닌 행복을, 아자! 아자! 세 잎 클로버!"

아이들의 구호가 저마다 멋지고 기발하다.

"오늘 모둠 발표를 다들 너무 잘해서 모두에게 동그라미 하나씩 드립니다!"

"우와!" 알림장을 꺼내는 아이들. 금방 모두 스무 개 다 모으겠다.

칭찬으로 샤워를

3월 11일 금요일

초롱초롱한 마흔여섯 개의 눈을 보며 말한다.

"이번 주부터는 매주 금요일마다 칭찬샤워를 할 거예요."

"그게 뭐예요? 물 뿌려요?"

"매주 한 명씩을 정해 다 같이 칭찬해 주는 거랍니다."

월요일에 미리 아이들에게 말하고 이번 주 칭찬 주인공을 뽑았다. 이번에도 아이스크림 막대로 선출했다. 아이들의 두

근거리는 심장 소리가 들리는 듯하다. 두구두구두구……. 첫 주인공은 이윤선이다. 작고 귀여운 코에 동그란 얼굴이 매력적인 아이다. 여기저기서 들리는 소리, "좋겠다" 그리고 "축하해!".

한 주 동안 윤선이는 어떤 마음으로 생활하게 될까? 화가 나도 참고, 친구에게 조금 더 친절하게 대하려 노력하겠지?

금요일 아침, 학급 세우기(담임 재량) 시간이다. (때로는 분량이 적은 수업을 당겨서 조금 일찍 끝내고 칭찬샤워를 하기도 한다.) 칭찬 주인공은 밖으로 잠깐 나간다. 복도에서 기다리는 시간 동안 얼마나 가슴이 콩닥거릴까?

아이들에게 포스트잇을 하나씩 나눠 주고, 친구에게 하고 싶은 칭찬을 하나씩 쓰게 한다. 쓴 사람의 이름을 적으면 안 된다. 자신을 쉽게 짐작할 수 있는 표시도 하면 안 된다. 칠판 가운데에 큰 하트를 그려 놓고, 다 적은 아이들이 그 안에 포스트잇에 쓴 메모를 붙이게 한다. 금방 쓰는 아이들도 있지만 한참을 고민하는 아이도 있다. 창밖에서 조마조마한 마음으로 기다리는 아이를 데리고 오려고 했는데 훈조가 발 빠르게 먼저 나가서 친구가 들어올 수 있게 문을 열어준다.

"와! 와!"

문을 열자마자 반 아이들 전체가 우레 같은 함성과 함께 박수를 쳤다. 윤선이가 깜짝 놀랐다가 바로 입꼬리를 올리며 함박웃음을 발사한다. 우리 모두가 행복해지는 순간이다.

"윤선 님, 친구들의 칭찬을 다 읽어본 후에 가장 마음에 드는 칭찬 메모를 하나만 고르세요."

찬찬히 읽던 윤선이가 하나를 떼어 나에게 준다.

"윤선아, 너는 예쁘고 수학도 잘하고 책을 참 많이 읽는 멋진 친구야. 이걸 쓴 사람은 누구인가요?" 하고 내가 묻자, "저요!" 하며 손을 드는 주남이. 아이들이 부러움의 박수를 친다. 칭찬 주인공과 마음에 드는 칭찬을 쓴 주인공은 '티끌 모아 태산'에 동그라미를 하나 할 수 있다. 하트 앞에서 칭찬 주인공의 독사진을 찍은 후 축하하러 나온 친구들과 다 같이 사진을 찍는다. 쉬는시간 동안 앞에 나온 아이들은 친구들이 쓴 칭찬을 같이 읽으며 다시 한번 칭찬 주인공을 축하한다.

"자, 그럼 다음 주 주인공은 누구일까요? 윤선 님이 뽑아주세요. 아이들의 관심은 벌써 다음 주인공으로 넘어갔다. 윤선이가 아이스크림 막대를 뽑아 들고 읽는다. "유은기!"

"다음 주 주인공은 은기 님입니다. 축하해요. 한 주 동안 친구의 칭찬거리를 찾아 보세요."

"좋겠다."

언젠가는 자신의 차례가 오기를 바라며 친구를 부러운 마음으로 쳐다본다. 주인공인 아이는 한 주 동안 천사가 되겠지. 누군가를 칭찬한다는 것이 얼마나 기쁜 일인지 깨닫는 시간.

포스트잇 메모지를 모두 모아 겹친 다음 표지를 더해 스테이플러로 고정한다. 표지에 '다정하고 사랑스러운 윤선 님을 칭찬합니다! 사랑하는 문어 반 친구들'이라 적은 후 윤선이에게 주었더니 윤선이가 하나씩 넘기며 다시 꼼꼼히 읽는다. 입가에 미소가 번진다.

피구왕 스파이더맨

4월 6일 수요일

 1, 2교시와 3, 4교시를 쉬는시간 없이 블럭으로 수업을 하고 2교시와 3교시 사이 20분 쉬는 우리 학교 중간 놀이는 아이들에게 꿀 같은 시간이다. 3월 중순 어느 날부터 운동을 좋아하는 대균이가 탱탱볼을 가져와 다혈질인 정훈이와 교실 앞 보도블럭에서 중간 놀이 시간에 피구를 하기 시작했다. 처음에는 남자 아이들 몇 명만 하다가 점차 여자 아이들까지 같이

한다. 문제는 대균이가 힘이 너무 좋아 말랑한 탱탱볼에 맞고도 우는 아이가 생긴다는 것이다.

며칠 전, 쉬는시간 끝에 교실로 들어오는 아이들 얼굴이 붉으락푸르락했다.

"선생님 대균이가 공을 너무 세게 던져서 선아 눈에 맞았어요." 시연이가 말했다. 선아가 눈물을 흘리고 있었다.

"일부러 그런 거 아니에요." 내가 묻기도 전에 대균이가 걸걸한 목소리로 소리쳤다.

"일부러 하지 않았다는 것 알아요. 그래도 친구가 다쳤으니 사과는 해야지요. 시연 님, 선아 님 데리고 보건실 좀 다녀오세요."

갑자기 선아가 말했다. "선생님 괜찮아요."

성격 털털한 선아. 벌건 눈에서 눈물이 연신 흐르는데도 괜찮단다.

아이들을 보건실에 보내 놓고 대균이에게 선아가 보건실에 다녀오면 사과하자고 했다. 눈썹이 아직 올라간 대균이 선아가 들어오자 마지못해 사과했다. 대균이가 가장 두려워하는 것은 쉬는시간에 피구를 하지 못하게 되는 것이니까.

오늘은 쉬는시간이 끝나기도 전에 선생님들이 모여 있던

연구실로 아이들이 몰려왔다.

"선생님! 대균이가 우리는 피구 안 시켜 준대요." 정민이와 재민이다.

둘을 데리고 피구를 하고 있는 우리 반 아이들에게 갔다.

"대균 님, 이 친구들은 왜 같이 피구를 안 하나요?"

"얘들이 맞았는데 안 맞았다고 계속 우기잖아요."

"아니에요. 진짜 안 맞았어요." 둘이 억울한 듯 울먹인다.

"그렇다고 친구들을 빼면 어떡해요. 친구들과 사이좋게 놀아야 피구를 허용할 수 있습니다."

나를 쳐다보지도 않은 채 대균이가 아이들과 계속 피구를 하고 있다.

"대균 님, 오늘 수업 마치고 선생님이랑 이야기 좀 해요."

수업이 끝날 때까지 대균이 입이 한 뼘은 나와 있었다. 아이들을 다 보낸 뒤 대균이와 이야기를 해 보려고 했으나 묵묵부답이다. 분명 학원이든 어디든 가야 할 텐데. 나 역시 초조해지기 시작했지만 이대로 고집 부리게 놔두고 싶지 않았다. 대균이가 보는 앞에서 어머니께 조금 늦게 보낼지 모른다고 전화를 드렸다. 어머니께서 죄송하다고, 얼마든지 이야기하라고 말씀해 주셔서 감사했다.

"선생님이 대균 님을 싫어하는 게 아니잖아요. 친구들과 다 같이 잘 지냈으면 좋겠어요."

"……."

시간이 째깍째깍 흘러간다. 모르는 척 업무를 한다. 두 시간 같은 이십 분이 흘렀다. 내가 말을 꺼냈다.

"대균 님. 〈스파이더맨〉 좋아하지요? 그 영화에는 이런 명대사가 나와요. 큰 힘에는 큰 책임이 따른다."

대답 없는 대균이에게 말을 잇는다.

"대균 님은 똑똑하고 운동도 잘해서 친구들이 다 좋아하고 같이 놀고 싶어 하는 멋지고 강한 친구예요. 그런 힘을 가진 사람에게는 책임이 따라와요. 친구들이 두루두루 행복할 수 있도록 도와달라고 선생님이 부탁해도 될까요?"

십 초쯤 지났을까, 대균이가 작은 소리로 대답한다. "네. 선생님. 죄송해요."

"그렇게 말해 주니 정말 고마워요. 집에 조심히 돌아가세요. 오늘 늦게까지 남아 준 것도 고마워요. 선생님은 멋진 대균 님이 우리 반이라 너무 행복하고 자랑스러워요. 우리 반 친구들 잘 이끌어 주세요."

아이를 보내고 어머니께 전화해 자초지종을 설명하고, 잘 이야기하고 보냈다고 말씀드렸다. 어머니의 공손한 어투가 감사하고 안심이 되었다. 오늘 하루 잠깐이지만 가슴이 철렁하고 두근거렸다. 왠지 대균이가 앞으로 바뀔 것 같은 기대감이 밀려온다. (그후 대균이는 내가 무슨 말을 하든, 우리 선생님 최고, 역시 우리 선생님, 하고 말해준다. 어머니의 훌륭한 조언이 있었던 게 틀림없다. 큰 인물이 될 사람이다.)

존중어 사용 ♡♡

몇 년 전 한 공개수업에서 6학년 담임 선생님이 학급
아이들을 'ㅇㅇ 님'이라 부르며 존중어를 사용하는 것을
보았습니다. 순간 망치로 맞은 것 같은 충격을 받았죠. 그
뒤로는 저도 아이들에게 존중어를 사용하고 있습니다.
쉬는시간에도 마찬가지입니다. 아이들과 친근감은 줄었을지
모르나 서로를 존중하는 마음 하나는 확실히 생겼습니다.
일단은 저 스스로 아이들을 함부로 대하지 않게 되었습니다.
선생님에게 존중받는 아이들은 선생님을 존중할 줄도 압니다.
가끔은 아이들이 "선생님은 왜 우리에게 높임말을 쓰세요?"
하고 묻습니다. "여러분을 존중하고 싶어서요."라고
답합니다. 2학기쯤 되면 아이들끼리도 존중어를 사용하는
것을 보게 됩니다. 물론 늘 그런 건 아닙니다. 저만의
생각인지 모르지만 존중어를 쓰면서부터는 아이들 간 다툼이
줄었음을 느낍니다.

(다른 선생님들이 존중어를 사용하지 않는다고 아이를 함부로 대한다는 의미는
절대 아닙니다. 저의 경우 전과 후를 비교해 스스로 느끼기에 그렇다는 것입니다.
지극히 개인적인 의견입니다.)

리코더는 어려워

4월 12일 화요일

1학기 동안 리코더를 배우고 있다. 학교에서 가장 접하기 쉬운 가락악기 중 하나인 리코더는 조금만 연습하면 금방 잘 불 수 있어 어렵지 않은 악기다. 17세기 바로크 시대를 주름잡던 리코더가 18세기에 플루트에게 독주악기의 자리를 내어주긴 했지만 요즘도 바로크 음악을 즐기는 분들을 중심으로 헨델, 비발디, 텔레만의 아름다운 곡들이 연주된다. 시중에 파는 리코더는 바로크식과 독일식으로 나뉜다. 악기 뒤쪽에 조그맣게 B(바로크) 또는 G(독일)라고 씌어 있다. 우리나라 학교들에서는 운지법이 조금 쉬운 독일식을 많이 사용하고 있어 아이들에게 그걸로 준비하게 했다.

내가 3학년 때도 리코더를 배웠다. 수십 년이 지나는 동안 바뀌지 않은 것 중 하나가 아닐까 싶다. '도미레도 솔라솔솔 라도시라 솔' 옥수수 하모니카를 열심히 불던 때가 생각난다. 그렇게 계이름을 외워서 리코더를 분 덕분에 약간의 상대음감을 얻은 것 같기도 하다. 그때는 피아노를 배우기 전이니까.

리코더 연습용 책을 인쇄해서 만들어 주고, 도레미부터 가르쳐주었다. 유튜브 영상 반주에 맞춰 계이름을 분다. 그것만으로도 화음이 아름다워 아이들이 좋아한다. 〈비행기〉나 〈나비야〉까지는 다들 잘 따라오다가 '라' 이상 높은음을 배우면서부터 어려워하는 아이들이 나온다. 그런가 하면 피아노를 배운 아이들은 스스로 진도를 너무 빠르게 나간다. 그래서 주로 처음에는 다 같이 몇 곡을 연습하고, 다음에는 자유롭게 부는 시간을 가진다. 옆 반에 방해될까 걱정되긴 하지만 자기 수준에 맞는 곡을 스스로 연습하는 자유 연주 시간이 실력 향상에 필요하다고 생각한다. 그동안 나는 어려워하는 아이들을 붙잡고 알려줄 수 있다.

"재민 님 어렵지요? 앞으로 나오세요. 기원 님도, 정훈 님도 나오세요."

아이들과 도레미부터 연습한다. 쉬운 곡들부터 먼저 하나씩 같이 해 본다. 천천히는 하는데 속도를 조금만 높이면 머리와 손이 따로 작동하는 아이들.

"괜찮아요. 다음에는 더 잘할 수 있을 거예요. 집에서 꼭 연습해 보세요."

한쪽에서는 배우지도 않은 〈에델바이스〉를 연주하고 있다. 수준별 지도가 필요하다. 이번 학기 목표는 아이들 모두가 '높은 미'까지 나오는 곡을 하나라도 제대로 연주하는 것이다.

행복이 몽글몽글

4월 19일 화요일

　1학기 시작한 지도 벌써 1개월 반이 흐른 지금, 어느 정도 친해진 아이들은 큰 다툼 없이 서로 배려하며 지낸다. 다들 목소리가 커 시끌벅적하지만 수업시간에 잘 집중하고, 친구의 이야기에 귀를 기울인다. 아이들과 함께 지내는 하루하루에 재미있는 일이 점점 많이 생기고 있다.

　어제는 지호가 수업시간이 다 되도록 안 오기에 어머니께

메시지를 드리자마자 조금 후 문이 열리더니 "실내화 사느라 늦었어요." 하며 실내화를 손에 높이 들고 들어왔다. 아담한 키에 머리가 긴 귀여운 친구이다. 손에 들고 있는 실내화가 반짝반짝했다. 걸을 때마다 불이 들어오는 귀여운 신발이었다. 반 전체가 웃음바다가 되었다. 쑥스러웠는지 '이거 떨어지는 건가?' 하더니 불빛 반짝이 장식물을 손으로 뜯었다. 새 신발인데……. 그마저도 너무 귀여워 자리에 앉을 때까지 함께 웃었다. 왜 그 신발을 샀느냐고 물으니 맞는 사이즈는 종류가 그것밖에 없었다고 했다.

오늘 2교시 때는 주남이가 〈네모의 꿈〉이라는 노래를 흥얼거리는 바람에 다 같이 그 노래를 한바탕 부르고 수업을 시작했다. 수업시간에 활동 설명을 들은 그 친구가 이런 건 '누워서 죽 먹기'라며 자신만만해하는 말을 듣고 또 우리 반 친구들 모두 웃었다. 누워서 떡 먹기도 아니고 식은 죽 먹기도 아닌, 누워서 죽 먹기. 평소에 조용하던 아이들까지 '누워서 물 먹기', '서서 잠자기' 하며 저마다 한마디씩 하고 웃었다.

쉬는시간 좋아하고, 놀기 좋아하는 아이들이지만 수업 끝에 교과서 검사를 해보면 어찌나 다들 열심히 적었는지……. 이렇게 열정적인 아이들과의 만남은 오랜 교직 생활 동안 흔치 않은 일이어서 참 행복하다. 앞으로 남은 날들도 언제나 이렇게 웃음 띤 얼굴로 좋은 추억들만 만들어 가길.

때로는 후회하는 날도

4월 21일 목요일

　어제 학부모 공개수업이 있었다. 일찍부터 무슨 수업을 하면 좋을까 고민을 많이 했다. 아이들이 잘하는 역할극 수업도 재미있을 것 같고 다른 반 선생님들이 하는 창의적 체험활동인 '괜찮아' 수업(동화책을 같이 읽고 친구에게 칭찬 스티커를 붙이는 활동)도 좋을 것 같았다. 계획표대로라면 그 시간이 국어이고 편지를 다시 써서 발표하는 부분이어서 그냥 그대로 하는 것도 좋을 것 같아 국어 수업으로 계획했다. 아이들이 발표하는 것을 좋아하기 때문에 문제없을 거라 생각했던 것이다.

부모님들이 오기 전부터 아이들이 들떠 있었다. 앞 수업인 수학이 조금 늦게 끝나 잠깐 화장실만 보냈다가 바로 수업을 시작했다. 수학 시간부터 복도에 미리 와 계신 부모님들을 교실로 들어오게 하고 열심히 준비한 대로 수업을 이어 갔다. 아이들이 모두 발표를 해야 해서 앞부분을 줄이고 바로 '편지 다시 쓰기'를 했다. 전 시간에 쓴 편지를 꺼내어 수정한 다음 새 편지지에 다시 써내려갔다. 글씨를 최대한 예쁘게 쓰려고 노력하는 게 보였다.

발표할 시간이 되어 한 명씩 뽑기로 다음 순서를 골랐더니 생각보다 시간이 많이 걸려 쉬는시간까지 발표가 이어졌다. 평소에 담담하게 발표 잘하던 선아의 목소리에 떨림이 느껴졌다. 내가 선택한 잔잔한 배경음악이 너무 슬펐는지 수업 후에 우는 아이가 셋이나 됐다. 평소에 말이 없지만 발표력이 점차 늘고 있던 영진이가 발표를 하지 않겠다고 해서 친구가 대신 읽어주었다. 경지와 재민이도 발표하기를 두려워해서 내가 읽었다(이런 일이!).

수업이 끝난 후 동학년회의에서 '괜찮아' 수업을 한 선생님들이 너무 편안하고 감동적인 수업이었다고 입을 모아 이야기

했다. 나도 그냥 그 수업을 할 걸, 하는 후회가 밀려왔다. 바로 다음이 영어 수업이어서 아이들을 데려다주고 내려와 부모님들과 이야기를 좀 나누려고 했는데 잠깐 다녀오는 사이 모두 돌아가 인사를 제대로 하지 못한 것도 찜찜했다.

오후 내내, 저녁까지, 다음날 아침 일어나서도 자꾸만 생각이 났다. 모둠별로 나와서 발표하게 했으면 발표 시간도 줄일 수 있고, 쉬는시간에 부모님이 아이들과 시간을 더 보낼 수 있었을 것이고, 아이들이 함께 나와 발표했다면 용기도 더 났을 텐데, 하는 여러 후회가 꼬리에 꼬리를 물었다. 물론 발표를 잘한 친구들도 많았고, 감동적인 편지들도 있었지만 혹시라도 마음에 상처 입은 아이들이 있지는 않았을지 걱정되었던 것이다. 일 년에 한 번뿐인 공개수업이 만족스럽지 못해 아쉬운 마음이 가장 크다. 한편 최선을 다해 편지를 두 번이나 쓰고 용기 있게 발표한 친구들이 대견하고 고맙기도 했다. 남은 기간 더 잘 준비해 정성껏 수업하고 아이들을 후회 없이 사랑하며 지내야겠다.

달고 시원한 수박, 여름날들

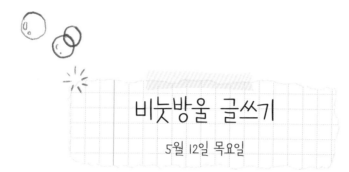

비눗방울 글쓰기

5월 12일 목요일

어린이날 기념으로 구비해 둔 비눗방울 놀이용품을 뒤늦게 풀었다. 자율 시간을 이용해 비눗방울 놀이를 하고 그 느낌을 적어 수업시간에 발표하기로 했다.

햇살이 따스한 날의 옥상은 비눗방울 불기 안성맞춤이다. 원래는 텃밭을 가꾸기도 했던 곳이 지금은 빈 땅으로 있다. 정자와 벤치가 있어 아이들과 가끔 올라오곤 한다.

비눗방울 놀이용품에 이름을 써서 하나씩 나눠 주었다. 훈조가 받은 지 5분도 안 되어 들고 나왔다. "선생님 이거 부서졌어요."

손에 닿는 대로 망가뜨리는 능력을 가진 훈조이긴 하지만 제품이 워낙 허술해 보이기도 했다. 뚜껑에 붙은 채가 안에 쏙 들어가 안 나온다.

"바꿔 드릴게요. 조심히 사용하세요."

나무를 훼손하지 않고, 친구와 장난치지 않고, 위험한 곳에 가지 않도록 신신당부를 한 후 아이들을 줄 세워 옥상으로 갔다. 아이들의 가슴 뛰는 소리가 들리는 듯했다. 비밀번호를 눌러 문을 열고 밖으로 나갔다. 오후 햇살에 눈이 부셨다. 아이들이 '와' 소리를 질렀다.

올망졸망 문어들이 해맑은 비눗방울을 만든다. 다섯 개의 타원이 한 줄로 연결된 플라스틱 채 사이로 수많은 방울들이 태어나 하늘로 올라갔다. 덩달아 웃음이 피어나는 걸 느끼며 핸드폰으로 사진을 계속 찍었다. 아이들이 풀 사이에서 달팽이를 발견했다. "어디? 어디?" 아이들이 모여들었다. 사람 없는 옥상에서 심심했던 달팽이가 웬일인가 했겠다.

배수구를 사이에 두고 계단이 있어 걱정했더니 아이들이 조심스럽게 계단을 오르내렸다. 자칫 비눗방울을 쳐다보다가

고꾸라질까 봐 근처에서 서성거렸다. 평소에 이야기 잘 안 하던 아이들끼리도 큰 소리로 웃으며 이야기를 나누고 있다. 보는 것만으로도 행복이 넘실댔다. 재민이가 갑자기 눈을 찡그렸다.

"어디 아파요?"

"눈에 비눗방울이 들어갔나 봐요."

"물로 씻어야겠다. 이쪽으로 오세요."

호스가 달린 수도꼭지를 열어 물을 손에 떨어뜨려 주었다. 재민이가 물로 눈을 헹군다.

"괜찮아요? 계속 아프면 보건실 가야 해요."

"괜찮아요. 선생님." 바로 아이들과 헤헤거린다.

윤선이가 달려오더니 "선생님 제 것도 고장 났어요" 했다. 불량품이 많았나 보다. 남은 걸 들고 오길 잘했다. 비눗방울 분 소감을 시로 쓴 아이도, 편지로 쓴 아이도 있다. 쓴 글을 발표하고 수업을 마쳤다.

다음날 재민이가 말했다. "선생님 어제 엄마한테 혼났어요. 집에서 비눗방울 분다고요." 집안에서는 불지 말라고 신신당부했건만.

편지 사건 1

5월 23일 월요일

"선생님! 제 사물함에 편지랑 선물이 들어 있어요." 아침 일찍 온 다정이가 흥분해서 나에게 달려왔다. 일하다 말고 잠깐 가서 본다. '너를 좋아해!'라고 쓴 편지와 비닐에 싸인 작은 인형. 누굴까?

"선생님 누굴까요? 너무 궁금해요. 사실 며칠 전에도 비슷한 게 들어 있었어요."

"난 아냐." 제일 먼저 온 주민이가 말한다.

"혹시 다른 반인가?" 다정이다.

"잘못 넣었을지 모르니 그냥 사물함에 두세요." 내가 말한다.

"네" 아이의 얼굴에서 흥분이 가라앉지 않는다. 입꼬리가 올라가 있다. 누군가가 나를 좋아한다는데 기분 나쁠 이유는 없으니까.

아이들이 들어올 때마다 다정이가 묻는다. "혹시 너야?" "뭐가?" "내 사물함에 편지랑 선물이 있어." 친구들도 궁금해한다.

무슨 일에든 발 벗고 나서길 좋아하는 정민이, 연주, 도길이가 탐정을 자처했다. 다정이의 사물함에 있던 편지를 들고 쉬는 시간마다 친구들의 책과 공책을 보며 꼼꼼히 필체를 비교한다.

"선생님 우리 반에는 범인(?)이 없는 것 같아요." 탐정들의 결론. 다른 반 아이일까? 언제 들어와서 사물함에 놓고 간 것일까? 알 수가 없다.

편지 사건 2

5월 26일 목요일

아침마다 내가 가장 일찍 오는데도 언제 다녀갔는지 편지가 또 들어 있다. 열쇠고리 같은 작은 선물과 함께. 반 전체가 탐정이 되었다.

"어제 누가 제일 마지막에 집에 갔지?"

"아침에 일찍 온 사람이 누구지?"

"영어 시간에 가장 마지막에 나온 사람이 누구지?"

저마다 추리를 해본다. 편지에 쓴 것과 필체가 비슷한 아이가 없다는 게 신기하다. 다른 반 아이가 들어왔으면 내가 못 봤을 리가 없는데.

3교시 쉬는시간이 끝나갈 때, 아이들이 나에게 몰려왔다. "선생님, 찾았어요!" "뭘요?" "다정이에게 편지 보내는 친구요." 연수가 아이들에게 떠밀려 나왔다. 보조개가 예쁜 연수가 웃는다. "연수 님이었어요?" 말없이 웃고만 있는 연수.

"어떻게 알았어요?"

흥분한 아이들이 서로 이야기한다. "연수가 자백했어요."

알고 보니 다정이와 친구가 되고 싶었던 연수가 편지와 선물을 몰래 넣은 지 2주가 되었다. 처음에는 비밀로 할 생각이 없었다가 이름을 안 썼더니 누군지 짐작도 못하는 걸 보고 재미가 들린 것이다. 필체를 전혀 다르게 쓴 재주가 신통하다. 다정이가 묘한 표정으로 다가왔다.

"기분 좋을 것 같은데."

"누군지 알게 돼서 좋아요. 답답할 정도로 궁금했거든요."

이로써 탐정 놀이도 끝을 맺었다. 탐정이 해결하지는 못했지만 자백을 유도하는 역할은 했을 것이다. 점점 좁혀져 오는 포위망……. 앞으로 좋은 친구로 잘 지내길.

책과 도서관

6월 14일 화요일

어느새 아이들 옷이 반팔과 반바지로 바뀌었다. 이제 한 달 남짓 지나면 방학이다. 한 학기 동안 아이들과 나는 아침마다 책을 읽어 왔다. 일찍 오는 아이들은 40분 정도에, 늦는 아이들도 9시 전에는 다 온다. 1교시가 국어일 때는 9시 5분이나 10분까지 책 읽는 시간으로 보낸다. 국어책보다 한 권의 책이 더 좋을 수 있음을 알기에.

그동안 가지고 다닌 학급문고가 50권쯤 되고, 학기 초에 아이들로부터 1년 간 대여받은 책이 100권 가까이 된다. 온책읽기 도서로 몇 년 동안 사들여 교실에 비치한 책은 훨씬 많다. 같은 책이 서른 권 가까이씩 꽂혀 있다. 종류가 많진 않지만 읽을 책을 가져오지 않은 아이들은 학급문고를 자주 이용한다.

학기 초부터 매일 책 한 권씩 가방에 넣어 오기를 권했다. 등교와 동시에 독서가 시작된다. 아이들이 수다를 떨다가도 내가 "40분이에요. 앉아서 책 읽읍시다."하고 말하면 "벌써요?" 하면서도 자리에 앉는다. 읽을 책을 안 가져온 아이들은 도서관에 다녀오겠다고 하기도 한다. 책 읽는 것도 좋지만 도서관 나들이는 언제든 환영이므로 수업이 시작되는 9시 전에만 돌아오라고 하고 보낸다.

내가 요즘 읽고 있는『어서 오세요, 휴남동 서점입니다』를 들고 아이들 사이로 다니며 어떤 책을 읽고 있는지 슬쩍 본다. 남학생에게 인기 있는『백두산이 폭발한다면』,『방귀 뀌는 며느리』같은 그림책도 있고,『지붕 위의 바이올린』이나『희생의 길을 간 조선 최초의 여의사 박에스더』,『샬롯의 거미줄』같은 중학년 책들도 읽는다. 가끔은 고학년이 읽는『맞아 언니 상담소』,『오늘부터 문자 파업』같은 책을 읽는 아이들도 보인다.

요즘 우리 반에서 가장 인기 있는 책은 『똥보 개 광칠이』와 『명탐정 오드리』이다. 탐정 기질이 있는 우리 반 아이들은 귀여운 강아지가 운동을 하고 사건을 해결하는 이 책들에 열광한다. 재민이와 기원이는 오늘도 만화책이다. 아이들이 교실에서 만화책 읽는 것을 권장하지는 않으나 읽고 있는 걸 말릴 수도 없다. 지금은 만화책이지만 나중에는 동화로, 소설로, 역사책으로 관심이 옮아 갈 거라고 믿는다. 재민이 옆에 가서 속삭인다. "재민 님, 다음에는 이야기책 읽기로 해요."

지금은 만화책 네 권에 이야기책 한 권 꼴이지만 서서히 바뀌어 가겠지.

4교시는 도서관 수업이다. 가끔 다양한 책을 찾아 기록하는 수업을 도서관에서 하기도 하지만 대부분은 책을 읽으러 간다. 2주에 한 번 정도 가서 책만 읽고 올라온다. 덕분에 국어 진도를 재량껏 빠르게 나가기도 한다. 학급 아이들이 담임 닮아서 성격이 급한지 모든 활동을 빨리 마치는 편이다. 과제를 다 한 친구는 책을 읽거나 그림을 그릴 수 있다. 나는 매 수업이 끝난 직후 모두 검사를 하기 때문에 안 하면 결국 쉬는시간까지 해야 하니, 어차피 할 거라면 빨리 하고 자유 시간을 누리는 편이 낫다고 생각하는 것 같다.

쉬는시간이 끝나고 바로 줄을 서서 이동한다. 몇몇 아이들은 반납할 책이나 도서실에서 읽고 싶은 책을 손에 들고 있다. 나도 반납할 책과 읽을 책을 챙긴다. 우리 학교 도서관은 교사에게 많은 책을 한번에 빌려주고 대출 기간도 길어 즐겨 이용한다.

도서관으로 내려가기 전, 아이들에게 당부할 게 있다.

"도서관에서 지킬 일이 뭐였지요?"

"조용히 하고 자기 자리에서 책을 읽어요."

"책자리표를 사용하고, 읽은 후에 반납해요."

"잘 알고 있네요. 책 고르느라 돌아다니는 데 너무 많은 시간 보내지 않기! 출발합니다."

계단을 내려가는 동안 설레는 아이들의 심장 콩닥이는 소리가 들리는 듯하다. 내 심장 소리인지도 모른다. 우리 반에 도서실 가는 시간을 싫어하는 아이는 아무도 없다. 일단 교실 밖으로 가는 건 무엇이든 좋아한다.

학급 전체가 수업 중에 도서관을 이용하기 위해서는 미리 예약해야 한다. 학년마다 도서관 이용하는 날이 정해져 있기 때문에 겹치지 않도록 사전에 조율한다. 어느 때는 하루 전체가 다 차 있어 다른 날을 찾아야 할 정도로 우리 학교도서관은 인기가 많다.

모둠별 자리에 짐을 놓은 아이들이 책자리표 통에서 자기 번호를 찾아들고 책을 고른다. 읽을 책을 고른 후에는 책을 뺀 자리에 책자리표를 가로로 넣어둔다. 그러면 책을 다 읽은 후 다시 꽂기가 쉽다. 사서선생님의 일을 덜 수 있는 좋은 제도인 것 같다. 읽을 책을 고른 아이들은 바로 자기 모둠 자리에 앉아 책을 읽기 시작한다.

정훈이는 오늘도 구석에서 친구와 책을 찾는 척하면서 수다를 떨고 있다. 내가 다가가니 씩 웃으며 책을 골라 자리로 간다. 아이들 옆에서 책을 읽다 보면 어느새 사라지는 정훈이. 그래도 도서관에서 책등이라도 실컷 보았길, 한 페이지라도 읽었길 바라는 마음으로 도서관에 간다. 오늘은 정훈이 옆에 앉아야지.

책을 한참 읽던 선빈이가 공책에 뭔가를 열심히 적고 있다. 자세히 보니 독서록이다. 매주 월요일마다 검사하는 독서록을 화요일에 벌써 써 놓다니. 준비성에 감탄한다. 월요일에 등교하면서 아이들은 내 책상 위에 독서록 공책을 올린다. 주로 줄글이지만 때로 글이 아닌 만화, 그림, 책표지 그리기, 시 등 다양한 독후활동을 허용하고 있다. 계속 그림만 그리는 친구에게는 '다음에는 느낀 점을 글로 적어 보세요.'라고 꼬리말을 적어준다. 아이들의 독서록에는 항상 덧글을 적어 응원한다. 아이들의 독서록에 매번 번호(독서록 개수)를 적어 주고 내 수첩에도 그날그날 개수를 적는다. 우리 학교는 학년말에 '독서장제'라는 이름으로 독서기록 시상을 하고 있다. 학년마다 독서록 개수 기준이 조금씩 다르긴 하지만 '무궁화장', '목련장', '진달래장'으로 개수별 등급을 나누어 시상한다. 학교장상이 대부분 없어지고 유일하게 남은 상이므로 아이들에게 학기 초부터 독서록 쓰기를 권장한다.

아이들 독서록 쓰는 실력이 날이 갈수록 는다. 몇 개월만에 글쓰기 실력이 성큼 자란다. 혼자 읽기 아까운 독서록을 아이들에게 낭독해 주기도 한다. 친구의 글에 자극받기도 하니까.

아이들은 내가 무슨 책을 읽는지에도 관심이 많다.

"불편한 편의점? 선생님, 그 책 우리 집에도 있어요. 얼마 전 저희 엄마가 읽으시는 것 봤어요."

생존을 위한 수영

6월 22일 수요일

6학년을 계속 하다 3학년을 오랜만에 맡다 보니 '생존수영' 인솔이 처음이다. 아이들보다 내가 더 설레고 걱정도 되었다. 주 1회씩 다섯 번을 간다. 이번이 세 번째다. 가기 전 사전교 육을 열심히 했다. 선생님들 지시에 잘 따르고, 몸 아프면 이 야기하고, 뛰어다니지 않고, 수영복과 수영모, 물안경 등 개인 물품에는 모두 이름을 쓰고, 아침에 샤워를 하고 오라고 신신당부했다. 수영하는 날은 아침부터 부산하다. 학교 밖으로 나간다는 것만으로도 행복해하는 아이들.

작은 버스에 여자와 남자 아이들이 나눠 탔다. 나는 남자아이들과 함께 탔고, 도와주시는 학부모 도우미 분이 여자아이들과 함께했다. 현재 우리 반 여자아이들에 비해 남자아이들의 장난이 약간 더 많다는 뜻이다. 가는 동안 옆에 앉은 친구와 별의별 놀이를 다한다. 운전에 방해될 정도로 시끄럽지만 않으면 그냥 둔다. 안전벨트는 다 매었으니.

버스에 탄 후에는 누가 먼저 도착하느냐가 아이들의 관심사다. 여자아이들이 탄 버스가 우리를 앞질렀다. 아이들이 아쉬움의 비명을 질렀다. 별 걸로 다 경쟁한다.

작은 수영장 입구에서 줄지어 내렸다. 아이들이 내리는 걸 확인하고 들어가 네 줄로 앉았다. 수영 강사님의 교육이 시작된다. 간단한 주의사항을 들은 후 여자아이들이 먼저 들어간다. 머리가 긴 아이들도 있고 해서 준비가 오래 걸리기 때문이다. 뒤이어 남자아이들도 들어갔다. 오늘은 감기에 걸린 재민이가 남았다. 책을 가져오라고 했는데 안 가져온 모양이다. 수영장에 준비된 만화책을 읽겠구나.

아이들이 들어가고 나면 잠시 적막이다. 5분쯤 후 창 안쪽에서 하나씩 등장한다. 조금 전과는 완전 다른 모습을 한 아이들. 수영복을 입고 수영 모자를 쓰고 물안경까지 하니 누가 누구인지 알아보기 어렵다. 체조 후 발판을 잡고 입수를 시작한다. 우리가 이용하는 수영장은 바닷물을 채워 락스를 적게 사용한다. 아이들에게는 물이 굉장히 짜게 느껴지는 모양이다. 최대한 물을 안 먹으려고 하겠지만 이번에도 짠물 먹었다고 투덜대겠지.

지난번에 뜨기와 발차기를 했으니 오늘은 제대로 앞으로 나아갈 수 있겠다. 잘하는 아이들과 초보로 나뉘어 수업이 진행된다. 아이들이 때때로 나를 향해 손을 흔든다. 나도 웃으며 답한다. 말이 없는 재민이는 만화 삼매경에 빠졌다. 만화책이라도 있어서 다행이다.

수영수업 마지막에는 바람 넣은 비닐 공을 던져주고 자유수영을 하게 한다. 아이들이 가장 신나 하는 시간이다. 공 하나가 뭐라고 우르르 몰려다니며 서로 뺏고 뺏느라 정신이 없다. 연신 웃어대는 소리에 덩달아 나도 웃는다. 만화책에 빠졌던 재민이도 고개를 든다. 저건 하고 싶은 모양이다.

"감기 얼른 나아서 다음 주에는 같이 수영해요."

사실 나도 아이들과 같이 수영하고 싶다.

수영이 끝나고 샤워 후 옷을 먼저 입은 아이부터 하나씩 나온다. 내가 바빠지는 시간이다. 벽에 붙은 드라이기를 들고 아이들 머리를 말려 준다. 볼은 반짝거리고 머리카락에서는 물이 떨어진다.

"재미있었어요?"

"네. 그런데 물이 너무 짜요." 머리 말리던 윤선이가 투덜거린다.

"재민아, 뭐 했어?" 단짝 예찬이가 묻는다.

"만화책 읽었지."

"나도 다음 주에 감기 걸렸으면 좋겠다. 수영 안 하게."

"예찬 님은 수영 재미있지 않나요?" 내가 묻는다.

"재미있긴 한데 한번쯤 밖에서 보고 싶기도 해요." 장난스런 예찬이.

돌아오는 길, 다시 시작된 레이스.

"이번에는 우리가 먼저 갔으면 좋겠다." 남자아이들이 말한다.

남자아이들 버스가 여자아이들을 앞지른다.

"와! 우리가 이겼다!"

이다지도 단순하고도 순수한 아이들 덕분에 또 웃는다.

컴퓨터 수업

6월 29일 수요일

이번 학년 진로 수업에 '코딩'을 넣고 학년에서 강사님을 구해 5주에 걸쳐 코스페이시스 수업을 진행하고 있다. 첫 시간에 수업을 듣다가 어디서 많이 듣던 목소리다 싶었더니 6학년 담임할 때 반 아이들에게 코딩 수업을 해주셨던 선생님이었다. 어찌나 반갑던지. 그때 수업을 너무 잘해 감탄했던 기억이 난다. 이번에는 3학년 아이들을 데리고 전시회장 만들기, 집

만들기 등의 수업을 하신다. 아이들이 손꼽아 기다리는 수업이다.

일전에 옆 반 선생님이 공문을 보고 VR 크리에이터 수업을 신청했다가 한 반이 더 참여할 수 있다는 연락을 받고 우리 반을 초대해 주셔서 부장님께만 말씀드리고 같이 하기로 했다. 다른 반에는 좀 미안했다. 수업 날 아침, VR 체험 버스가 운동장에 들어왔다. 코딩 수업 중간에 팀별로 버스에 올라 VR 고글을 쓰고 짧은 4D 영화를 보았다. 두 분의 선생님이 오셔서 아이들이 재미있게 배우던 코스페이시스 심화 학습으로 동물원 만들기를 했고, 그 사이 VR 게임을 체험하게 해주셨다. VR 안경을 쓰고 양손에 든 컨트롤러로 앞에 나타나는 세모 네모 방해물을 쳐서 없애는 게임이었다. 아이들이 한 번씩 플레이한 후 더 하고 싶은 아이들은 한 번 더 할 수 있게 배려해주셨다. 아직 3학년이라 핸드폰이 없는 아이도 있고, 컴퓨터를 켜는 방법도 모르는 아이도 많았는데 코딩 수업을 이렇게 잘 따라오다니 아이들의 흡수력은 정말 놀랍다.

수업 중간에 동물원 미션을 먼저 끝낸 아이들은 점프 게임 만드는 것을 했다. 원래 다음 시간에 하기로 되어 있는 거라 배운 적도 없는 아이들이 회오리 점프까지 넣어가며 척척 만들고 서로 플레이하는 것을 보니 놀라웠다. 덤으로 나도 코스페이시스 기능을 제법 익힐 수 있었다. 만족도가 굉장히 높은 수업이다. 수업을 마치니 샌드위치와 과자까지 주셨다. 아이들이 어찌나 좋아하던지. 이런 기회를 우리 반에 주신 옆 반 선생님께 너무나 감사했다. (나중에 들으니 다른 반에서 난리가 난 모양이다. "우리는 왜 버스 안 타요?" 다른 반 선생님들, 죄송합니다.)

우리끼리 작은 발표회

6월 초부터 아이들에게 발표회에 대해 이야기했다.

"저는 잘하는 게 하나도 없어요." 재민이가 말했다.

"어떤 것이든 괜찮아요. 우리가 한 학기 동안 배운 리코더 연주를 해도 되고, 춤, 노래, 악기 연주, 태권도, 줄넘기 등 뭐든지 됩니다."

한 명이 두 번까지만 출연하고, 한 사람이 한 번은 꼭 하기로 했다. 친구와 팀으로 해도 되고, 혼자 해도 된다. 발표회 계획서 종이를 칠판에 붙여 두고 생각날 때마다 수시로 적고 수정하게 했다.

음악 시간마다 시간을 조금씩 남겨 아이들에게 연습할 시간을 주었다. 핸드폰으로 음악을 틀고 노래를 부르는 아이들, 친구와 리코더 연습을 하는 아이들, 마술 도구를 가져와 복도 구석에서 연습하는 아이도 있었다. 집에서 가져다 놓은 전자 피아노를 쉬는시간마다 연습하기도 했다. 정민이와 선빈이는 방과후 바이올린 수업이 있는 날이면 쉬는시간마다 악기를 꺼내어 연습했다. 춤 잘 추는 시연이는 아이들을 모으고 함께 남아서 춤 연습을 했다.

발표회를 앞두고 순서를 정했다. 아이들이 낸 계획서를 무작위로 섞은 다음 하나씩 뽑았다.

"내가 1번이야. 어쩌지?" 다정이가 난처한 표정이다.

"내가 바꿔 줄까?" 윤선이가 말한다.

"선생님 순서 바꿔도 돼요?"

"친구랑 1대 1로 바꾸시는 건 됩니다."

드디어 발표회 날 아침, 평소보다 들뜬 표정의 아이들이 속속 들어온다. 춤추는 아이들은 옷을 비슷하게 맞춰 입었다. 정민이는 도복을 입었고, 연수는 화장까지 했다.

"엄마가 이렇게 해주셨어요."

"너무 예뻐요. 오늘 잘하세요."

1교시에 잠깐 연습할 시간을 주고 바로 의자를 세팅했다. 책상을 칠판 앞과 양쪽 벽에 붙이고 의자를 뒤쪽 사물함을 바라보게 배치했다. 뒤 게시판에 '작은 발표회'라고 제목 붙인 걸 본 아이들이 꾸미고 싶다고 해서 한 장씩 나눠 주었더니 열심히 그림을 그리고 색칠을 해서 가지고 왔다. 이렇게나 적극적이고 예쁜 아이들이라니.

발표 순서를 넣어 만들어 둔 프레젠테이션 화면을 열어 두었다. 목청 좋은 윤선이의 노래를 시작으로 주남이와 도길이의 줄넘기, 연주의 댄스, 기원이의 마술, 시연이, 다정이, 지연이, 선아의 댄스가 이어졌다. 우쿨렐레를 기가 막히게 연주하는 연주, 전문 마술사 같은 주민이…… 친구의 차례가 끝날 때마다 교실이 떠나갈 듯 박수를 치고 환호를 보내는 아이들의 관객 태도 점수도 만점이다.

말 없는 예찬이와 재민이는 그동안 연습했던 리코더를 불었다. 못 하겠다며 그렇게 빼던 아이들이 친구들의 발표를 보고 용기를 내었다. 미리 준비하지 못한 훈조는 친구 생수병을 빌려 물병 세우기 쇼를 했다. 무엇이든 하렴. 작은 무대는 너희에게 언제나 열려 있단다.

"선생님 다음에 발표회 또 해요."

처음에는 못 하겠다던 아이들이 더 아쉬워하는 것 같다. 이 정도면 성공인가? 발표 내내 아이들은 엄청난 박수와 함성을 보냈다. 친구들이 잘하든 실수하든 앞에 나온 것만으로도 대단한 용기이니 박수를 많이 치자고 미리 말하긴 했지만 아이들에게서 자연스레 터져 나오는 환호는 가슴을 뭉클하게 했다. 일일이 영상으로 찍고 사진도 남겼다. 편집해서 우리 반 자료 공유 사이트에 올려야겠다. 전체 다 넣기에는 용량이 너무 크고 길어질 테니 한 팀당 30초 이내로 짧게 편집하고 대신 자녀의 전체 영상을 원하는 부모님께는 개인적으로 보내드리는 게 좋겠다. 발표회를 통해 아이들과 더 가까워진 느낌이다. 아이들 실력도 자신감도 조금이나마 성장한 것 같아 흐뭇하다.

문화예술 발표회

서울대학교병원 소아청소년정신과 정연경은 「문화예술교육이
아동의 행동과 사회기술에 미치는 영향」에서 아동에게
문화예술교육을 시행함으로써 얻을 수 있는 잠재적 이익이
매우 크다고 하였습니다. 만 7세~10세 아동을 대상으로
문화예술교육 프로그램을 실시하고 전후 상태를 비교한
결과 공격성, 사회적 미성숙 등 행동문제가 감소했고,
아동의 정신건강 영역에 긍정적인 영향을 주어 사회성
발달과 학업 성적 향상을 예측할 수 있다고 보았습니다. [1]
성균관대학교 김은영은 「문화예술교육 프로그램의 영향에
대한 질적 연구」에서 연극, 미술, 악기, 무용으로 구성된
문화예술교육 프로그램 실시 후 아이들의 발표력과 자신감이
높아지고, 타인 배려와 의사소통 능력이 향상되었다고
말합니다. 수업에 호기심과 즐거움을 나타내었고
기능적으로도 잘하게 되었다고 했습니다. [2]
이 외에도 문화예술이 아동의 정서적, 사회적, 지적 능력
발달에 긍정적인 영향을 준다는 연구가 많습니다. 저도
학급 아이들과 학기별 발표회를 가지면서 이를 실제로

---

1. 정연경, 박수빈, 백령, 김가현, 신민섭, 이진, 김미경, 김붕년(2014). 문화예술교육이 아동의 행동과
   사회기술에 미치는 영향. 소아청소년정신의학, 25(4), 203-208.

2. 김은영. (2011). 문화예술교육 프로그램의 영향에 대한 질적 연구 – 안산 자바르떼 프로그램에
   참여한 저소득층 아동을 중심으로. 예술경영연구, 19, 5-31.

체험해 왔습니다. 처음에 못하겠다고 하던 아이들이 1학기 발표회를 마치자마자 2학기에는 언제 하느냐고 묻기도 합니다. 발표력과 자신감이 높아지는 것은 물론이고, 실제로 아이들의 기량이 만 1년도 안 되는 동안 급속도로 향상되는 것을 눈으로 확인했습니다.

저의 경우 참가 종목에 한계를 두지 않고, 원하는 대로 하게 했습니다. 줄넘기, 마술, 춤, 우쿨렐레, 피아노, 태권도, 검도, 그림 그리기, 마인크래프트나 캐릭터 꾸미기 앱으로 영상 만들기 등 다양한 활동으로 참여했습니다. 혼자 하기도 하지만 팀을 이루는 경우 협동심과 배려심도 키울 수 있습니다.

발표회 공간은 주로 교실 뒤쪽을 비우고, 게시판에 '발표회'라는 문구를 큼직하게 붙여 마련했습니다. 교실 앞쪽에서 하는 것보다 영상이나 사진을 찍고 음악을 틀기에 편리한 위치라고 느꼈습니다. 책상을 벽에 붙이고 의자를 뒤쪽을 향해 객석처럼 배치하면 공연장 효과를 얻을 수 있습니다. 사회자나 도우미 친구들을 뽑아 무대 전환을 부탁했을 때 책임감 있게 임하는 모습을 보았습니다. 학교에 음악실이나 무대 시설이 있어 활용한다면 금상첨화일 것입니다.

파티

7월 13일 수요일

"우리 반 모두가 티끌 모아 태산 동그라미를 80개 모았습니다. 약속했던 대로 파티를 하기로 해요."

며칠 전의 일이다. 가장 느려 친구들이 옆에서 계속 챙겨주었던 정훈이가 드디어 80개를 채웠다. 아이들이 환호성을 질렀다. 원래 학기말 파티를 할 시기가 되기도 했다. 아이들이 다 같이 세운 목표를 이루고 맞는 파티는 느낌이 다르다.

"선생님, 라면 가져와도 돼요?" 시연이가 물었다.

"라면보다는 건강한 간식이 좋지 않을까요?"

"그래도 과자 먹고 싶어요." 주남이가 입이 나온 채 말했다.

"일단은 알림장에 건강한 간식으로 적어 둘 테니 자유롭게 준비해 오세요."

"선생님! 저희 엄마는 '건강한 간식'이라 쓰면 과일 담아 주세요." 주남이가 말을 이었다.

아이들이 웃었다. "그럼 과일 먹으면 되지."

"과자 먹고 싶단 말이야."

"과자 가져와도 되는데 대신 봉지를 뜯어 통에 담아 오세요." 내가 정리했다. 몇 년 전 옆 반 선생님께 배운 거다. 쓰레기가 많이 나오지 않는 좋은 방법인 것 같다. 먹다 남은 것을 집으로 가져가기에도 편리하다.

드디어 파티 날, 아침부터 난리가 났다. 과자와 과일에 음료수까지. 시작도 전에 다 꺼내 놓고 있다. 1교시 수업을 하고 2교시에 파티를 할까 했더니 아이들이 여름이라 상할지도 모른다며 1교시에 빨리 먹잔다. 어차피 할 것. 먼저 하고 수업을 하는 게 나을 것 같았다.

간식을 먹으니 갑자기 조용해졌다. 과자 부수어 먹는 소리만 들려왔다. 포인트 20, 40, 60, 80개에서는 영화도 잠깐 본다. 저번에 보던 〈마틸다〉를 이어서 틀었다. 아이들은 오래된 영화인데도 〈마틸다〉를 참 좋아한다. 내가 가장 좋아하는 어린이 영화 중 하나이기도 하다. 도서관에서 책을 잔뜩 빌려 읽는 천재 소녀의 이야기가 우리 반 아이들에게도 독서의 바람을 일으킬 거라 믿으며…….

아이들이 간식을 서로 나눠 먹기 시작한다. 배가 부른 아이들은 자기 걸 친구에게 기부하기도 한다. 깜박 잊고 간식을 준비하지 못한 은기는 친구들의 자발적 기증으로 오히려 친구들보다 많이 먹은 듯하다. 별 것 아닌데도 '파티'라는 이름을 붙이니 아이들은 실컷 논 줄 안다. 배가 부른 아이들이 점심을 남길까 봐 걱정했는데 맛있는 카레 덕분에 싹싹 긁어 먹어 다행이다.

졸업생과 '침묵의 공 굴리기'

7월 19일 화요일

5교시 수업 준비를 하고 있는데 갑자기 웅성웅성하더니 "선생님!" 하고 외치는 소리가 들렸다. 작년 졸업생 다섯 명이 교복을 입고 깜짝 방문을 한 것이다. 종업식을 하고 일찍 마친 아이들 몇 명이 갑자기 들르자고 했단다. 연락이라도 하고 오지, 수업이 아직 끝나기 전이라 제대로 인사도 못할 것 같아 미안했다. 반 아이들 주겠다고 아이스크림을 사 왔다. 문어들의 함성. 축구 잘하던 재현이가 아이스크림을 나눠 주다가 "선생님 무슨 시간이에요?" 하고 물었다.

"체육 시간이야. 오빠." 지연이가 대답했다.

"선생님! 우리 애들이랑 같이 수업하고 가면 안 돼요?"

아이들도 아이스크림을 입에 문 채로 "같이 해요!" 한다.

작년에 비 올 때마다 했던 공굴리기를 할까?

"좋아요. 그럼 같이 '침묵의 공 굴리기'를 합시다."

세 분단으로 나누고 중학생들이 나뉘어 들어갔다. 1분단이 가운데 들어갈 때 2, 3분단은 둥글게 원을 그리고 앉아 공을 굴린다. 이때 말을 하면 칠판 앞으로 나오게 되는데 가끔 비명 소리나 웃음소리는 허용한다. 공을 위로 던지면 안 되고 반드시 굴린 공에 맞아야만 아웃이 된다. 1분 동안 많이 살아남은 분단이 이긴다. 힘 센 중학생들이 살살 굴리는 게 느껴졌다. 동생들을 배려하는 멋진 아이들.

반 아이들이 난리가 났다. 중학생들을 일부러 맞춰 공격했다. 졸업생들이 넘어지는 척해 웃음바다가 되었다. 에어컨을 틀었는데도 아이들이 땀을 흘리고 있다. 은근히 운동량이 많은 놀이다.

순식간에 수업시간이 다 끝나 집에 갈 준비를 했다. 반 아이들과 하루를 마칠 때 하는 인사를 졸업생도 같이 한다. 일일 반장이 선창한다.

"생각하고 꿈꾸는!"

"사랑스런 문어 반! 안녕히 계세요." 다 같이 인사한다.

문어 반 아이들을 돌려보내고 중학생들과 마주 앉았다. 아이들 키가 쑥 자란 게 느껴졌다.

"오늘 아이스크림까지 사서 방문해 주어 고마워요. 아이들과 같이 공굴리기 한 것도 좋은 추억이 될 것 같아요."

"아이들이 너무 귀여워요. 우리가 더 재미있었어요." 은지가 말한다.

다행인 게 중학교 생활이 재미있단다. 특히 급식이 맛있다나? 어디서든 예쁨 받을 아이들. 앞으로도 늘 건강하고 행복하게 성장하길 응원하며 함께 사진을 찍었다.

문어 반 신문

7월 22일 금요일

매 학기 학급 신문이나 문집을 만든다. 국어 교과서 마지막에 모둠별 신문 만들기나 학기 돌아보기 내용이 주로 나오기 때문에 그 시간을 활용해서 글쓰기를 한다. 6학년 아이들은 컴퓨터실에 데리고 가 패들렛에 글을 쓰게 했다. 네 페이지로 편집하고 수정해서 A3지에 소책자 인쇄를 해 반으로 접으면 신문 느낌이 난다. 3학년 아이들도 패들렛에 쓰라고 하면 쓸 수 있을 것 같기도 한데 내가 직접 입력하는 게 빠를 것 같아 학습지를 나눠 주고 쓰게 했다.

어떤 내용이 가장 많이 나올지 궁금했다. 친구들과 계속 우리 몇 월에 뭐 했지, 하면서 웅성거린다. 그러더니 나에게 3반이랑 피구 한 게 언제냐고 묻는다. "어린이날 축제 때 아닌가요? 5월 4일."

어린이날을 앞두고 체육 시간에 다른 반과 피구 시합을 했었다. 토너먼트나 리그전은 아니었고, 상황이 되는 다른 반과 경기를 했다. 2반과 했을 때는 완승을 했고, 어린이날 전날에는 3반과 남자 여자 따로 동시에 시합을 해 남자는 지고 여자는 이겨 결국 비겼다. 그날 1교시에는 과자파티를 했고, 2교시는 보드게임, 3교시는 교실 놀이, 그리고 4교시에 3반과 피구를 한 것이다. 비겼음에도 아이들이 그날을 가장 즐거웠던 날로 기억하고 있다. 공부를 안 해서일까?

피구를 잘하는 편이 아닌데도 우리 반 아이들은 피구를 참 좋아한다. 지든 이기든 다른 반과의 시합은 아이들에게 큰 화젯거리다. 살아남은 아이들의 영웅심과 상대를 아웃시켜 학급에 무언가 공헌을 했다는 느낌 덕분일까?

아이들이 쓴 글을 발표한다. 발표한 친구가 다음 사람을 선택하기로 했다. 손을 제일 먼저 든 연주가 일어섰다.

"어린이날 행사가 제일 좋았다. 친구들과 과자를 먹으며 영화를 본 게 처음이어서 낯설었지만 재미있었다. 영화를 본 뒤 친구들과 보드게임을 하며 그동안 이야기 해보지 못한 친구들과 친해질 수 있었다. 친구들이 내 간식을 맛있게 먹어 주어 고맙고 뿌듯했다."

"잘 썼습니다. 박수! 다음은 누구 차례일까요?"

"전도길이요."

연주가 말하고 앉자 도길이가 일어난다.

"3반과 피구 할 때 남자가 지긴 했지만 정말 재미있었다. 내가 잘 피해서 친구들이 칭찬해 주었다. 앞으로 피구를 더 열심히 연습해야겠다. 어린이날 과자 먹으며 영화 본 것도 좋았다. 보드게임도 재미있었고, 선물을 받아서 날아갈 것 같았다. 어린이날이 또 오면 좋겠다. 문어 반 최고!"

아이들 모두 발표를 마쳤다. 지연이는 "칭찬 샤워도 재미있었어요. 친구들의 칭찬거리를 찾다 보니 그 친구와 더 가까워진 기분이 들었고, 친구를 칭찬하니 나 자신도 뿌듯해졌어요. 친구가 마음에 드는 칭찬 뽑을 때 너무 기대가 되고 설레었어요."라고 썼다. 의외로 주남이는 미술 시간에 했던 젠탱글이 재미있었다고 썼고, 다정이는 중학생 언니, 오빠들이 아이스크림 사 온 일을 적었다. 엉뚱한 훈조는 생존수영 마지막 날 배를 탄 게 재미있었다고 썼다. 물 위에 띄운 넓은 판 위에 아이들이 올라가 있을 때 수영 강사님이 막 흔들던 기억이 난다. 아이들이 물로 떨어지면서도 엄청 즐거워했었다. 아이들의 글을 통해 한 학기를 같이 돌아볼 수 있어 좋았다. 잘 편집하고 인쇄해서 방학하는 날 나눠 주어야겠다.

1학기 마지막 음악 시간

7월 25일 월요일

지난 국어 시간 역할놀이 때 선빈이가 바이올린을 연주해야 했는데 악보를 안 가져오는 바람에 다음에 하기로 했었다. 오늘 드디어 발표를 한다. 선빈이 바이올린 연주로 1학기 마지막 음악 수업을 열었다. 이무진의 〈신호등〉이라는 곡이었다. 악보를 휴대용 보면대에 올려 놓고 교실에 있던 바이올린을 꺼내 조율을 하고 건네주었다.

얼마 전 작은 발표회 날 이 노래를 불렀던 시연이가 일어나 따라 부르자 아이들도 모두 일어나 고래고래 노래를 부르기 시작했다. 노래가 끝난 다음 아이들이 "선생님도 연주해 주세요!" 하고 말했다. 내가 바이올린을 이어받아 다시 한번 연주하며 다 같이 노래했다.

내친 김에 1학기 동안 배운 노래를 다 불러 보기로 하고 리듬악기 세트를 모둠별로 나눠 주었다. 아이들은 자기가 원하는 악기를 하나씩 들고 음악책을 폈다. 새싹의 노래, 나물 노래, 손치기 발치기, 딱따구리, 시계, 리듬악기 노래까지 악기를 치며 노래했고, 나는 바이올린으로 연주했다.

마지막에는 문어 반의 주제곡 〈문어의 꿈〉을 교실이 떠나가라 불렀다. 아이들과 노래로 하나가 되는 시간. 자리에서 일어나면 어떤가? 음정이 좀 틀리면 어떤가? 박자가 어긋나면 어떤가? 모두 하나가 되는 환상의 시간이다.

잘 영근 석류, 가을날들

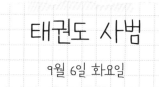

태권도 사범

9월 6일 화요일

　"2학기에는 표현활동을 합니다. 그중 첫 번째로 태권도를 할 거예요."

　"네? 태권도를요?" 아이들이 놀란 얼굴로 나를 쳐다보았다. 1학기 말에 있었던 일이다.

　"태권도 배운 친구들, 손 들어 보세요."

　예닐곱 명이 손을 들었다.

"너 몇 품이야? 나는 3품."

"나는 초록 띠인데."

웅성거리는 소리가 들렸다.

"태권도 기초 동작 배우고 태극 1장까지만 할 거라서 걱정 안 하셔도 됩니다. 최근까지 도장에 다닌 친구들은 선생님에게 이야기하세요. 2학기 때 사범으로 친구들에게 태권도를 가르쳐 줄 거예요."

"네? 제가요?"

1품 이상인 아이들 위주로 5명을 뽑았다. 남자 셋, 여자 둘이었다.

"방학 동안 태극 1장 연습해 오세요."

드디어 태권도를 시작하는 2학기 첫 시간.

"사범님들 모두 나오세요. 태극 1장을 친구들에게 보여주겠습니다."

아이들이 쭈뼛대며 나온다. 한 명은 도복을 입고 왔다.

"선생님 진짜 해요?"

"그럼요. 준비 됐나요? 자, 차렷, 준비!"

아이들이 준비 동작을 한다.

"태극 1장, 시작!"

1분여 동안 아이들이 숨을 죽이고 바라본다.

속도는 조금씩 다르지만 마지막 구령은 우렁차다.

"바로! 쉬어. 너무 잘했어요!" 아이들의 박수 소리에 내 말이 묻힌다.

"여러분도 모두 할 수 있습니다. 파이팅!"

"오늘은 기초 동작을 먼저 배울게요. 그 전에 모둠을 정하겠습니다. 사범님들, 칠판을 향해서 옆으로 한 줄 서주세요. 눈을 감고요."

사범 아이들이 옆으로 쭉 서 있다.

"여러분, 배우고 싶은 사범님 뒤에 가서 서주세요. 대신 한 명당 세 명 혹은 네 명만 섭니다."

발 빠른 아이들이 먼저 친한 친구 뒤에 섰고, 느린 아이들은 남은 자리에 섰다. 멈추기 전까지 서로 바꾸기도 하며 눈치 작전을 펼친다.

"다 됐나요? 그럼 사범님들, 모둠원들을 돌아보세요."

아이들이 서로 쳐다보며 웃는다. 친한 아이들은 껴안기도 한다. 앞으로 잘 부탁해요. 사범님들.

2학기도 무사히

9월 15일 목요일

    2학기가 시작된 지 벌써 20일이 지났다. 새 학기로 정신없이 지내는 동안 많은 일이 있었다. 1학기에 파악한 우리 반 아이들의 특징은 그림 그리는 걸 아주 좋아하고 잘한다는 것, 노래 부르기와 게임(놀이)을 좋아한다는 것, 기초 수학은 잘하지만 아직 응용문제를 어려워한다는 것, 그리고 독서 수준 차이가 크다는 것 등이다. 같이 정한 규칙을 잘 지키고 작은 것이라도 학급에 필요한 일을 하는 것을 좋아하며 서로 예의 바른 말을 사용하려고 노력한다. 누가 물건을 바닥에 쏟으면 주변 아이들이 일제히 달려들어 함께 주워 정리해 준다. 감동의 순간이 아닐 수 없다.

작년에 효과가 좋았던 '주말 이야기', '칭찬 샤워'와 '티끌 모아 태산'을 올해도 하고 있다. 1학기에 간단하지만 파티도 했다. 칭찬 샤워는 별 것 아닌데도 자기 차례가 오기를 오매불망 기다린다. 올해는 아침에 아이들이 등교하면서 나와 주먹인사를 하고 있다. 수업 시작 전 아침에 다 같이 일어나 돌아다니며 '안녕하세요' 하며 서로 인사하는 것, 그리고 학급 회장이 따로 없는 3학년이라 번호 순으로 돌아가는 일일 반장이 매일 아침에 수업 안내와 규칙 읽는 것을 새롭게 하고 있다. 규칙을 아침마다 읽어서인지(일일 반장이 규칙을 읽으면 아이들이 복창한다.) 아이들이 스스로 정한 규칙을 무척 잘 지키고 있어 비교적 평화로운 1학기를 보냈다.

처음 우리 반 아이들을 만났을 때 얼마나 작고 귀엽던지. 6학년을 몇 년 한 후에 맡은 3학년 학급은 또 다른 세계였다. 쉬는시간마다 아이들과 주로 '할리갈리'를 비롯한 간단한 보드게임이나 둥글게 앉아서 할 수 있는 손뼉 게임 같은 것을 한다. 친구들과 쌓기 나무인 카프라로 성 만드는 것도 좋아한다.

1학기 때 처음으로 키보드 건반을 내놓았을 때, 아이들이 줄을 서서 한 명씩 쳤다. 특별히 이야기하지도 않았는데 질서 있게 연주하는 모습이 예뻤다. 굉장히 잘 치는 아이들이 있어 놀라기도 했다. 서로 격려하며 손뼉 쳐주는 모습을 보니 흐뭇했다. 여름방학 때 장만한 자석으로 된 다트 판을 칠판에 붙여두었더니 그것도 서로 순서를 정해 던진다. 공부시간에 집중하고 경청하느라 힘든 우리 반 귀여운 문어들이 쉬는시간 동안 스트레스를 충분히 풀었으면 좋겠다. 순조로운 2학기를 보내기를.

가슴 쓸어내린 날

9월 20일 화요일

어제 오후에 선빈이의 다급한 전화를 받았다.

"선생님! 방금 정훈이가 지호를 들어서 바닥에 던졌어요."

"네? 왜요?"

"모르겠어요. 그냥 놀다가 갑자기 그랬어요."

"지호 님 다쳤나요?"

"다친 데는 없는 것 같아요."

놀란 아이를 진정시키고, 지호를 바꿔달라고 해서 한참 이야기를 나눴다. 정훈이는 씩씩거리며 집으로 갔고, 착한 지호는 괜찮다고만 했다. 자기가 말을 잘못한 게 있단다. 일단 다친 곳은 없다고 하니 학교에서 무슨 일인지 자초지종을 살펴야겠다는 생각을 하며 불편한 마음으로 밤을 보냈다.

말 없던 영진이 옆에서 셋이 서로 챙기며 사이좋게 지내지만 셋이라 가끔은 한 명씩 토라지기도 하는 선빈이와 지호는 동네 친구인 정훈이도 자주 만나서 논다. 정훈이가 유머러스한 데가 있어 아이들이 좋아한다. 문제는 작은 일에도 화를 잘 낸다는 것이다. 아마 어제도 지호가 지나가는 말로 한 걸 듣고 갑자기 화가 났던 모양이다. 그래도 힘센 정훈이가 작고 여린 지호를 들어서 바닥에 던졌다니 그냥 넘어갈 수 없는 일이다.

아침에 아이들이 오자마자 불렀다. 정훈이의 표정이 이미 굳어 있다. 나오면서 "선생님 죄송해요." 한다. 자기가 생각해도 과했다 싶었나 보다.

"친구에게 진심으로 사과할 수 있겠어요?"

"네."

정훈이가 지호에게 가서 손으로 팔을 쓰다듬으며 말한다.

"지호야. 어제 내가 너를 아프게 해서 미안해. 다시는 안

그러도록 할게.”

 “괜찮아. 나도 어제 너를 놀려서 미안해. 나도 조심할게.”
지호가 답한다.

 “둘 다 사과해 주어 고마워요. 어떤 일이 있어도 폭력은 사
용하지 않도록 해요. 언어폭력도 폭력인 것 알지요?”

 둘을 자리로 돌려보내고 쉬는시간을 이용해 부모님께 전화
를 드렸다. 자칫 잘못하면 학교폭력으로 커질 수도 있었던 일
이었으나 아이들 간의 사과로 일단락되었다. 부모님이 알고
계셔야 할 것 같아 알렸다. 다행히 지호 어머니께서 놀다 보면
그럴 수 있다고 괜찮다고 하신다. 앞으로는 이런 일이 없기를.

골라 골라, 알뜰시장

9월 23일 금요일

도덕 '아껴 쓰는 우리' 단원에 알뜰시장이 나온다.

"선생님, 우리도 알뜰시장 해요!"

책에 있는 걸 보고 수업을 시작하기도 전에 대균이가 말한다.

"선생님, 꼭 해요!" 아이들이 소리 높여 외친다.

"팔 물건을 집에서 가져올 수 있나요?"

“당연하지요. 우리 집에 안 쓰는 물건 엄청 많아요.” 도길이다.

“우리 집엔 다 버려서 없는데.” 깔끔한 지연이가 말한다.

“그럼 넌 사기만 해.” 짝꿍 지호가 지연이의 팔을 툭 치며 말한다.

“팔 물건들을 찾아보고 미리 가져오세요. 꼭 부모님께 허락받고요. 오늘 수업 중간에 계획을 세우고, 다음 주 도덕 시간에 알뜰시장을 하겠습니다.”

다른 반에서는 실제 돈을 가지고 와서 물건을 사기로 했다는 말을 듣고 고민하다가 우리반은 화폐를 만들기로 했다. 예쁜 문어가 그려진 '1문어' 돈이다. 한 사람당 10문어씩 주고, 물건을 사고 팔게 하는 것이다. 부모님들께 미리 집에 사용하지 않는 깨끗한 물건이 있으면 챙겨 주시라고 안내하고, 가져오는 대로 모으기 시작했다. 아이들이 종이가방에 인형, 장난감, 학용품을 넣어 왔다. 모둠별로 가게 이름도 만들고, 물건을 팔 친구와 살 친구의 순서도 정했다.

당일 아침까지 모은 물건이 어마어마했다. 아이들이 책상 배치를 바꿔 가게로 꾸미고 자신이 가져온 물건들을 진열했다. 필통, 가방, 수첩, 카드, 머리띠, 푸시팝, 가방, 연필……

문어 반 알뜰시장에 나온 물건들은 종류도, 크기도 다양했다. 아이들이 포스트잇에 가격을 적어서 붙였다. 물건을 미처 준비하지 못한 친구는 그림을 그려서 내놓았다. 한 명당 10장의 문어 반 화폐가 부족하진 않았으나 여분을 가지고 있다가 돈이 떨어진 아이가 있으면 주었다.

"이거 얼마야?"

"2문어야."

"1문어에 주면 안 돼?"

"그래, 그럼."

"고마워."

아이들끼리 흥정하는 소리가 들린다.

"선생님 이거 사주세요!" 윤선이가 말한다. 나도 3문어를 주고 휴대용 선풍기를 산다. 책상 위에 놓고 아로마 오일을 떨어뜨릴 작은 토끼 인형도 하나 사고, 잘 안 팔리는 그림도 산다. 어느새 책상의 물건들이 하나둘 사라진다. 어느새 "공짜로 드립니다!"를 외치는 아이들.

집에서 새 연필을 잔뜩 가져온 선아가 아이들에게 연필을 나눠준다. 물건을 다 판 아이들이 번 돈을 센다.

"나는 12문어. 너는?"

"나는 2문어. 사고 싶은 게 많아서 다 썼어." 아이들끼리 서로 묻고 답한다.

"선생님 저 33문어예요!" 물건을 잔뜩 가져왔던 시연이가 말한다.

"우와! 제일 부자네." 친구들이 부러워한다.

"돈을 가지고 나와 한 줄로 서세요." 미리 준비한 비타민을 나눠준다. 1문어당 하나씩이다. 아이들 중에는 그냥 돈으로 가지고 있을게요, 하고 나오지 않는 아이도 있다. 오늘 번 돈을 부모님께 보여드리겠단다. 아끼고 나누는 알뜰한 문어들이 되렴. 문어 반 친구들 사랑해요!

다정하게 비석 치기

9월 28일 수요일

몇 년 전 한 선생님의 학급 놀이 연수에서 배운 후로 매년 어느 학년을 맡든 비석 치기 수업을 꼭 한 번은 한다. 미술 시간과 자율 시간, 그리고 체육 시간을 붙여 한두 시간은 비석을 만들고, 다 만든 아이들은 비석 치기를 하게 한다.

아이들에게 미리 비석에 그릴 그림을 생각해 오라고 말해 두었더니 아침부터 부산하다. 캐릭터 사진을 뽑아 온 아이들, 밑그림을 그려 온 아이들이 서로 자신의 것을 보여주며 자랑이다. 그림을 미처 찾아 오지 못한 아이들에게는 모니터 가득 찾아 달라는 사진이나 그림을 띄워 놓는다. 인쇄를 원하는 아이들은 바로 프린터에서 출력해 준다. 이번 학교는 교실마다 레이저 프린터가 있어 정말 편리하다.

비석 치기의 유래와 놀이하는 방법을 먼저 설명한다. 2학년 때 이미 해봤다는 아이들이 많았지만 처음 하는 아이들을 위해 자세하게 설명해 준다. 그런 다음 아이들에게 흰 A4 라벨지를 반 잘라 비석과 함께 나눠 준다. 아이들이 라벨지 뒷면을 떼고 비석에 붙인다. 이때 선물 포장 하듯 넓은 면을 먼저 감싼 다음 끝부분을 조금 남기고 잘라 남은 부분을 붙여 비석을 라벨지로 완전히 감싼다. 손이 야무진 아이들 몇은 설명만 듣고도 바로 붙이지만 자신 없는 아이들은 붙여 달라고 가지고 나온다. 라벨지를 잘 붙여야 평평하고 깔끔한 비석을 만들 수 있으므로 나온 아이들 것을 하나씩 정성껏 붙여 준다. 라벨지로 감싼 비석에 아이들이 그림을 그리기 시작한다. 고요한 시간이 흐른다. 유튜브로 음악을 찾는다. 그림 그릴 때는 클래식. 잔잔한 피아노 연주가 반짝반짝 빛나는 아이들의 마음속에 스민다.

아이들이 색칠까지 마치면 그때부터 내가 바빠지는 시간이다. 넓은 스카치테이프로 아이들의 비석을 일일이 감싸 준다. 아래, 위 두 번에 나눠 붙이면 좋다. 반짝이는 비석을 본 문어들이 행복한 표정을 짓는다. 그 사이 사인펜으로 색칠까지 한 아이, 자신의 이름을 쓴 아이들이 자기만의 비석을 바라보며 흐뭇해한다. 손은 바쁘지만 덩달아 나도 기분이 좋아진다.

성격 급한 도길이가 제일 먼저 완성했다. 친한 친구인 주남이 옆에서 재촉한다. 주남이가 완성하고 나자 교실 바닥에 미리 그려 둔 비석 치기 자리에 가서 놀기 시작했다. 아이들이 하나둘 합류한다. 대균이는 역시 스파이더맨을 그렸다. 문어도 여러 명이 그렸다. 테이프를 붙이고 있는 나에게 와서 규칙을 다시 묻곤 하지만 대부분은 따로 설명하지 않아도 재미있게 논다. 여기저기에서 "와!" 하는 함성이 들려온다. 단계를 통과한 모양이다. 이날부터 문어 반 교실에서는 2학기 내내 쉬는시간마다 비석 치는 소리가 이어졌다.

비석 치기, 재미있고 유익해요

비석 치기는 고려시대 이후 일부 귀족들이 세운 공덕비나 송덕비에 불만을 품은 서민들이 그 비석을 돌로 치거나 훼손한 데서 유래했다고 합니다. 원래는 여러 단계가 있지만 저는 아이들이 기억하기 쉽도록 아래로부터 위로 올라가는 몇 개의 단계만 넣습니다. 발등(도둑), 무릎(오줌싸개), 배(배사장), 겨드랑이(신문팔이), 훈장(어깨), 떡장수(머리), 마지막에는 비석을 쳐서 맞추는 7단계만 주로 사용합니다. 단계별 그림을 크게 뽑아 칠판에 미리 순서대로 붙여 놓습니다. 동작을 직접 보여주면서 설명하면 무릎 사이에 비석을 끼고 엉거주춤 걷는 오줌싸개 단계에서 아이들의 웃음이 터집니다.

비석 치기의 좋은 점 중 하나는 둘이 한 편이 될 경우 내가 실패해도 친구가 두 번 성공하면 다음 단계로 같이 올라간다는 것입니다. 실패한 친구를 대신해 상대 편 비석을 쓰러뜨리면 영웅이 되어 친구의 사랑을 듬뿍 받을 수 있습니다. 2대 2뿐 아니라 시간이 좀 걸려서 그렇지 3대 3, 4대 4, 얼마든지 가능하고, 심지어 1대 2도 할 수 있습니다. 한 명이 두 명인 것처럼 두 번 하면 됩니다. 혼자서는 할 수 없는 비석 치기는 친구 사귀기에 좋은 활동입니다. 비석만 있으면 다 같이 놀 수 있기에 아이들이 비석을 얼마나 소중히 여겼는지 모릅니다. 민속놀이를 이어간다는 면에서도 의미 있는 활동입니다.

6학년 교실에서

10월 7일 금요일

    9월 중에 6학년 2반 선생님이 우리 교실에 와서 그 반 아이들과 세계 여러 나라에 대한 수업을 하고 있다며 10월 초쯤 하루 날을 잡아 우리 반 아이들을 초대하고 싶다고 하셨다. 작년에 같은 학년이기도 했고, 신우회 모임 멤버이기도 해서 개인적으로도 무척 친한 사이라 반갑고 감사한 마음이 컸지만 VR 수업 때 옆 반에서 난리가 났던 상황을 떠올리니 한편으로

3학년 일곱 학급 중 우리 반만 초대받으면 다른 반에 피해가 가지 않을까 걱정되기도 했다. 학년 모임 시간에 선생님들께 6학년 2반에서 이런 제안이 들어왔는데 해도 되겠는지 여쭤보았다. 훈조와 재민이의 형이 그 반이었기 때문에 선생님이 우리 반을 고른 것 같다고 말씀드렸더니 감사하게도 모두들 허락해 주셔서 마음 편히 수업을 기다렸다. 3학년 사회 교과의 '환경에 따른 의식주 생활모습' 단원에 세계 여러 나라의 의식주 문화에 대한 내용이 나와 사회 시간으로 잡아 두었다.

드디어 오늘, 아침부터 아이들이 들떠 있었다. 1교시는 6학년 아이들이 준비를 해야 해서 2, 3교시에 올라가기로 했다. 1교시 내내 아이들이 붕 떠 있어 살짝 걱정이 되었다. 6학년 언니, 오빠들 잘 따르고, 열심히 참여하도록 신신당부를 했다. 6학년 2반 교실에 올라가니 교실 맞은편 전교 회의실에 책상과 의자 배치를 바꿔 프랑스, 이탈리아, 스위스, 중국, 일본 등 나라별 코너를 만들어 두었는데, 어찌나 준비를 많이 했는지 깜짝 놀랄 정도였다. 나라별 지도와 국기, 그리고 주요 정보를 포스터로 만들고 퀴즈도 붙여 놓았다. 우드락에 구멍을 내어 만든 포토존도 있었고, 슈링클스로 만든 나라별 기념품도 있었다. 6학년 작품이라 모든 전시물이 정교했다. 각 나라별 전통 놀이도 준비되어 있었고 심지어 먹을 것도 있었다. 모둠으로 나뉘어 움직이는 우리 반 아이들이 빈 코너로 찾아가서 상기된 얼굴로 활동에 참여했다.

6학년 2반에 많다던 말썽꾸러기들은 다 어디로 갔는지 다들 너무나 열정적이었다. 그런 6학년 아이들이 너무나 멋져 보여 연신 사진을 찍었다. 평소에 말이 많던 우리 반 문어들은 6학년 앞이라 그런지 순한 양이 되었다. 6학년 아이들은 우리 반 아이들을 보고 계속 "너무 귀여워!" 하고 말했다.

수업이 끝난 후 문어들의 손이 기념품과 먹을거리로 가득했다. 학교 예산으로 산 것도 있지만 아이들이 각자 집에서 준비해 온 것도 많았다는 말을 듣고 감동받았다. 조만간 6학년 아이들에게 작은 선물을 해야겠다고 생각했다. (며칠 후 1인 1봉지 과자를 선물했다.) 마지막에 6학년 2반과 우리 반 아이들이 다 같이 단체사진을 찍었다. 교실로 돌아가던 아이들이 계속 뒤를 돌아보며 아쉬워했다. 6학년 아이들 역시 우리가 보이지 않을 때까지 손을 흔들고 있었다.

수업을 마친 후 점심을 먹으러 내려가다가 계단을 올라오는 6학년 2반 아이들을 만났다.

"언니, 안녕?" 아이들이 반갑게 인사한다.

"어머나, 문어 반 아이들이다!" 6학년 아이들도 난리가 났다. 누가 보면 이산가족 상봉하는 줄 알겠다. 이런 좋은 기회를 주신 6학년 2반 선생님께 어떻게 감사를 드려야 할지.

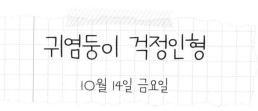

귀염둥이 걱정인형

10월 14일 금요일

6학년의 수업 초대와 연결하여 미술 시간에 다른 나라의 문화를 배우는 활동을 하면 좋을 것 같다는 생각에 과테말라의 걱정인형을 만들어 보기로 했다. 과테말라 사람들은 외부의 침략과 내전, 자연재해 등 끊이지 않는 걱정거리를 잊기 위해 인형에게 걱정을 말하고 베개 밑에 넣어 두고 잔다고 한다. 다분히 미신적이지만 아이들의 정서에는 좋을 것 같았다.

작년에 우리 반 아이 한 명이 걱정인형을 만들었다며 나에게 선물로 주었다. 종이를 돌돌 말고 하늘색 실로 몸통과 머리카락을 붙여서 만든, 검지 반만 한 인형이었다. 검정 털실로 만든 팔과 다리, 그리고 파랑 털실 나비넥타이가 무척 귀여웠다. 걱정 있으면 이 꼬마를 쳐다보라던 그 마음이 너무 예뻐 아직도 가지고 있다.

　이번에 아이들과 만들 걱정인형은 교사 자료 공유 사이트인 인디스쿨에 한 선생님이 올린 아이디어를 사용했다. 색 클립 두 개의 끝을 벌려 팔로 하고, 아래 동그란 부분을 다리로 만든다. 두꺼운 종이를 3단으로 접어 몸 안에 클립을 넣고 구멍을 뚫어 팔 부분을 바깥으로 빼내어 몸체를 완성한다. 팔 윗부분에 얼굴을 그리고, 아래는 색실로 감아 옷을 입힌다. 폼폼을 붙여 머리를 만들어 주면 완성이다. 색 클립과 크기별 폼폼, 그리고 두꺼운 A4지가 학교에 없어 전날 문구점에 가서 사 왔다. 아이들에게 보여주려고 하나를 만들어 보았는데 반 아이들은 나보다 훨씬 기발하고 예쁜 작품을 많이 만들었다.

　작년에 선물 받은 내 걱정인형을 보여주었더니 종이를 말아 비슷한 방법으로 만든 아이들도 많았다. 털실을 만지고 감는 동안 아이들이 편안해했다. 실을 잘라 나눠 주는 나도 그랬다. 털실은 정서적 안정감을 주는 것 같다. 과테말라 사람들도 색실로 인형을 만들면서 걱정을 잊었을 것이다.

아이들의 작품을 사진으로 찍어 부모님과의 공유 사이트에 올려드렸다. 사진들을 쭉 보고 있으니 아이들이 그린 얼굴 표정과 귀여운 인형들의 자태에 웃음이 절로 났다. 정말 걱정이 사라지는 느낌이었다.

감기에 걸린 날
10월 19일 목요일

며칠째 목이 아프다 싶더니 몸살이 겹쳤다. 오늘 아침에는 목소리까지 안 나왔다. 특별히 무리한 적도 없는 것 같은데 수업할 때 말을 너무 많이 한 것일까? 병원에 진작 갈 걸, 약국에서 산 한방과립 감기약으로 버티다가 병을 키웠다. 원래는 그 약 한두 번 먹으면 바로 낫는데 이번에는 제대로 걸린 모양이다.

열감도 있고, 몸에 손을 대기만 해도 아파 혹시 아이들에게 옮길까 봐 마스크를 끼고 출근했다. 연수가 내 목소리를 듣자마자 "선생님 어떡해요? 빨리 병원에 가보세요." 하고 말했다. 마음이 따스해졌다. 다른 아이들도 걱정스러운 얼굴로 쳐다보았다. 일 년에 한 번씩은 이렇게 심하게 감기를 앓는다.

목이 너무 아파 1교시 국어 수업 때 컴퓨터로 TV 모니터에 아이들이 할 일을 적어 주었다. 앉아서 수업을 하는데도 몸이 계속 가라앉는 것 같아 정신을 바짝 차리려고 노력했다. 2교시 수학 수업을 앞두고 아무래도 병원에 다녀와야 할 것 같아 교감선생님께 전화로 말씀드리고 3, 4교시 전담수업시간 동안 외출 다녀오는 것으로 복무 결재를 올렸다. 영어 부장인 선아, 주남이와 과학 부장인 예찬이, 경지에게 전담교실 오가는 동안 친구들 줄 잘 세우고 조심히 다니라고 하고, 전담 선생님들께도 아이들 특별 관리를 부탁했다.

수학 시간이 어떻게 지났는지 모르게 정신없이 보내고 아이들을 영어실에 올려다 준 후 바로 학교를 빠져나왔다. 일 년에 한두 번 가는 병원이지만 원장님이 바로 알아보셨다. "독감 같지는 않아 보이네요. 요즘 무리하셨나 봐요. 목이 많이 부었네." 친절하지만 말이 무척 빠른 원장님.

나도 빠른 속도로 말했다. "가슴 뛰는 소리가 들리는 것 같아요. 몸살이 너무 심한데 링거를 맞을 수 있을까요?" 이번처럼 증상이 심할 때 링거 맞고 바로 나은 적이 몇 번 있어 이번에도 부탁드렸다. 오후에는 학교운영위원회에도 들어가야 해서 조퇴할 수 없는 날이라 빨리 회복하고 싶었다. 원장님이 간호사에게 상황을 묻더니 맞고 가라고 했다.

침대에 누워 링거를 맞는 동안 꿈결을 헤매며 얼마만의 휴식인가 싶은 생각을 한다. 학교에서는 업무로, 퇴근 후에는 육아와 집안일로 늘 동동거리며 쳇바퀴 도는 날들 중에 아프지만 잠깐이라도 누워 쉴 수 있는 이 시간이 감사하다. 몸이 아프니 괜히 눈물이 난다. 예쁜 학급 아이들이 내 걱정해 주던 것도 고맙고, 나 자신이 애처롭기도 하다. 몸살에 좋다는 마늘 주사를 같이 맞으니 주삿바늘 꽂은 팔이 뻐근하다. 그래도 막혔던 코가 점점 뚫리면서 시원한 느낌이 든다. 코에서 진한 마늘 향이 느껴진다. 이제 낫겠지? 어제 퇴근하고 바로 병원에 갔어야 했는데. 그래도 오늘은 전담 선생님 수업이 두 시간인 날이라 다행이다.

40분 정도 링거를 맞고 약을 사서 학교로 들어갔다. 5분쯤 후에 전담 수업을 마치고 온 아이들이 내게로 모여들어 "선생님 괜찮아요?" 하고 묻는다.

"아까보다는 좀 나아졌어요. 오늘 영어, 과학 시간에 잘 참여했나요?"

"네! 정훈이가 영어 시간에 놀이하다가 화를 내서 선생님이 혼냈어요. 그것 말고는 괜찮았어요."

"맞았는데 도길이가 틀렸다고 하잖아요. 그래도 화 많이는 안 냈어요." 정훈이가 멋쩍어하며 말한다. 이만하기 다행이다.

"과학 시간에는 엄청 열심히 했어요." 예찬이가 말한다. 역시! 과학 좋아하는 우리 문어들.

컴퓨터에 연결된 TV 화면에 적는다. '손 씻고 와서 줄 서세요. 즐거운 식사 시간!'

아이들에게 책임을

EBS 뉴스 G 방송 중 '집안일! 해본 아이 vs 안 해본 아이'라는 영상이 있습니다. (유튜브에도 올라와 있습니다.) 집안일과 아이 자존감의 상관관계를 잘 설명해 주는 영상입니다. 여기서는 아이들이 집안일을 돕기 시작하는 나이를 서너 살로 제시하고 있는데요, 부모님의 손길이 온전히 필요하다고 여겨지는 이 시기에 집안일이라니 의아하지 않을 수 없습니다. 영상에서 말하는 집안일은 거창한 게 아닙니다. 장난감 정리, 쓰레기통에 쓰레기 넣기, 애완동물 밥 주기 등입니다. 놀이로 느끼게 하면 쉽게 접근할 수 있습니다. 집안일이 좋은 점은 공부와는 다르게 짧은 시간에 성취감을 얻는다는 것입니다. 작은 성취감이 모여 아이의 자존감을 높입니다. 일찍 집안일을 시작한 아이들이 늦게 시작한 아이들에 비해 자립심과 책임감이 강해 성공적인 삶을 살 가능성이 높다고 합니다. 부모님 눈에 어설퍼 보이더라도 아이들이 집안일 돕는 것을 칭찬하고 격려할 필요가 있습니다.

학급 일 참여도 마찬가지입니다. 초등교실에서는 '1인 1역'이라는 이름의 역할 분담 제도가 오랫동안 시행되어 오고 있습니다. 어떤 선생님은 학생 수에 맞게 미리 세팅해 둔 역할을 매일, 혹은 일주일씩 바꿔가며 하게 합니다. 예를 들어, 칠판 정리, 책상 줄 맞추기, 선반 닦기 등입니다. 저의 경우에는 학급을 위해 할 일을 아이들 스스로 정하게 하고 한두 달마다 역할을 바꾸도록 했습니다. 학급에 필요한 손길을 직업이나 역할 이름으로 만듭니다. 의사(의료키트로 다친 친구 간단히 처치), 경찰(복도나 교실 질서 유지), 영어부장 혹은 영어선생님(영어 전담시간 수업 돕고 돌아오는 길 줄 세우기), 과학부장 혹은 과학선생님, 칠판 깔끔이, 분리수거팀 등입니다. 역할 당 필요한 학생 수를 정하고 누가 할지 결정합니다. 학급 회장이 있는 경우에는 회장의 진행으로 역할을 정했고, 3학년 아이들은 교사가 아이들의 의견을 칠판에 적었습니다.

역할 정하고 바꾸는 날을 아이들이 무척 좋아했습니다. 역할이 몰릴 때는 자발적 양보나 가위바위보로 정했고, 한 역할을 두 번까지만 하도록 허용하는 등 필요한 규정을 아이들이 만들기도 했습니다. 작게나마 학급을 위해 애쓰며 쌓은 성취감으로 자존감 높은 아이들로 성장할 것이라고 믿습니다.

플로깅, 동네 환경 지킴이

10월 26일 수요일

도덕 '함께 지키는 행복한 세상' 마지막 수업에 공익을 실천하는 내용이 나온다. 아이들과 어떤 실천을 해볼까 고민하다 동네 환경을 깨끗하게 만들기 위한 플로깅 활동으로 정했다. 체육 시간과 자율 시간을 합쳐 두 시간 동안 다녀오기로 했다. 날씨가 제법 쌀쌀해졌지만 낮에는 괜찮을 것 같아 3, 4교시로 잡았다.

이 활동을 미리 안내했더니 집에서 집게나 장갑을 가져온 아이들이 많았다. 영진이가 플로깅 용 집게 세트를 가져와 흰색 작은 플라스틱 집게를 아이들에게 나눠 주었다. 대단한 준비성.

교문 밖으로 나간다는 것만으로도 행복한 문어들에게 주의 사항을 이야기하고 1층으로 내려가 현관 앞에 줄을 서 있다가 교감선생님을 만났다. 아이들이 반갑게 인사한다. "교감선생님, 안녕하세요?" "교감선생님, 예뻐요!"

"조심히 다녀오세요!" 인자한 교감선생님이 환하게 웃으며 말씀하신다.

"잘 다녀오겠습니다." 인사하고 아이들을 데리고 나간다. 횡단보도를 건너 다리 아래로 내려가 작은 천변을 따라 걸으며 쓰레기를 줍는다. 생각보다 쓰레기가 많지 않다. 오히려 작은 곤충들을 보며 아이들이 신기해한다. 그 와중에 제법 큰 쓰레기를 줍는 아이들도 있다. 모둠별 봉지에 차곡차곡 담는다. 여기저기에서 "이것 봐라!" 하고 외친다. 봉지를 들고 자기가 주운 쓰레기가 더 많다며 자랑한다.

"선생님, 정훈이 좀 보세요!"

돌아보니 정훈이가 누군가 먹다 남긴 치킨 박스를 자랑스럽게 들고 나온다. 어디서 찾았을까? 정훈 승!

나무 사이로 들어가려는 아이들이 눈에 들어온다. "너무 멀리 가거나 위험한 곳에 가지 않습니다!" 잘못하면 천변 수풀에 들어갔다가 아래로 떨어지거나 풀에 피부가 쓸릴 수 있을 것 같아 조심시켰다.

유모차를 끄는 한 할머니 옆에 아이들이 와글와글 모여 있다. 자세히 보니 강아지 한 마리가 할머니 옆을 지키고 있다.

"너무 귀엽다!" 아이들이 감탄하며 강아지를 살짝 쓰다듬는다. 너희가 더 귀여운데.

모둠별 쓰레기 봉지를 한쪽에 모아 두고 잠깐 휴식 시간을 갖는다. 아이들이 공원에 있는 운동기구에 가서 놀이기구인양 매달린다. 정민이가 "우리 무궁화꽃이 하자."라고 말하자 아이들이 여기저기서 외친다. "나도, 나도."

술래가 된 선빈이가 광장의 가로등에 뒤돌아 붙어서 주문을 왼다. "무궁화 꽃이 피었습니다!" 우다다 뛰다 멈추어 '얼음'이 되는 아이들, 세상에서 가장 행복한 표정을 한 아이들 모습을 사진에 담는다. 남을 위하는 일(플로깅)이 사실은 자신을 위한 것임을 알게 되었기를.

가을 숲 체험

IO월 28일 금요일

학교 뒤쪽에 낮은 산이 있다. 몇 년 전 6학년 아이들과 한
바퀴 돌고 온 적 있었던 그곳에 이번에는 숲지도사님과 함께
가기로 했다. 아이들이 손꼽아 기다리던 날이다. 한 반에 지도
사님이 두 분씩 배정되어 아이들을 두 팀으로 나눴다.

1층으로 내려가니 지도사님들이 와 계셨다. 반갑게 인사를
하고 우리 반 아이들을 인솔하실 두 분께 아이들 명단을 드렸

다. 가벼운 가방을 메거나 모자를 쓴 아이들이 지도사님 앞에 줄을 섰다. 지도사님이 자기소개를 한 후 아이들과 간단한 체조를 했다.

"숲에서는 뛰지 않고 걸어 다녀야 합니다. 나뭇가지나 잎에 긁히지 않게 조심해요. 나무나 곤충을 소중히 여겨요. 아무 열매나 먹으면 안 됩니다. 벌레나 벌을 주의하세요."

지도사님이 숲에서 지켜야 할 주의사항들을 이야기했다. 어느 팀을 따라가면 좋을까 하다가 정훈이와 훈조가 있는 앞 번호 팀에 붙었다. 노란 등산 점퍼에 배낭을 멘 지도사님을 따라 숲으로 들어섰다. 정훈이의 입이 귀에 걸렸다.

한참을 올라가다 지도사님이 말한다. "옆에 보이는 게 상수리나무예요. 잎이 어떻게 생겼나요?"

아이들이 답한다. "끝이 뾰족해요."

"우리나라에는 도토리가 열리는 참나무가 여섯 종류랍니다. 굴참나무, 갈참나무, 졸참나무는 참나무라는 이름이 들어 있고, 상수리나무, 신갈나무, 떡갈나무는 참나무라는 말이 붙지 않아도 참나무예요. 도토리 모양으로 구분하기는 쉽지 않아요. 상수리가 가장 동그랗게 생겼고, 굴참나무, 떡갈나무, 갈참나무, 신갈나무, 졸참나무로 갈수록 긴 타원형으로 점점 가늘어져요. 순서를 외워 볼까요? 첫 글자만 따서 '상굴떡 갈신졸'입니다. 따라 하세요. 상굴떡 갈신졸!"

"상굴떡 갈신졸!" 아이들이 큰 소리로 말한다.

"그중 털모자를 쓴 아이들과 뚜껑 모자를 쓴 아이들이 있어요. 동그란 모양의 상수리나무, 굴참나무, 떡갈나무 도토리는 털모자를 썼고, 길쭉한 갈참나무, 신갈나무, 졸참나무 도토리는 뚜껑 모자를 썼답니다. 굴참나무의 털모자가 가장 크고 거칠어요. 털이 가늘고 길고 가장 부드러운 게 떡갈나무예요. 갈참나무 도토리의 깍지는 신갈나무보다 작고 부드럽습니다. 신갈나무는 깍지가 커요. 작고 긴 졸참나무는 깍지도 무척 작고 귀엽답니다. 구별할 수 있을까요?"

"아니요." 아이들이 입을 모은다. 너무 솔직해.

"지금은 어려워도 자꾸 보다 보면 쉽게 구별할 수 있답니다. 지금부터 서로 다르게 생긴 도토리들을 찾아보세요. 가져오면 선생님이 무슨 도토리인지 말해 줄게요. 멀리 가지 않도록 합니다."

아이들이 흩어져서 도토리를 줍는다.

"아, 이게 상수리나무 도토리인가? 동그랗게 생겼네." 영진이가 말한다.

"내 건 털모자 썼다." 지연이다. 잘도 찾는다.

"이제 도토리 팽이를 만들어 볼게요."

"먼저 도토리에 그림을 그릴 거예요. 팽이로 가장 잘 어울리는 도토리를 고르세요."

지도사님이 네임펜을 꺼냈다. 아이들이 도토리에 눈, 코, 입을 그린다.

"다 그린 사람! 이리 오세요. 구멍 뚫어 줄게요."

송곳으로 도토리 위쪽에 구멍을 뚫은 후 이쑤시개를 꽂았다. 윗부분을 가위로 잘라내니 작은 팽이가 되었다. 지도사님 배낭에서 나온 책 위에서 도토리 팽이 시합이 열렸다. 앙증맞은 도토리 팽이가 생각보다 잘 돈다. 정민이의 팽이가 가장 오래 돌았다.

"다시, 다시!" 아이들이 계속 팽이를 돌린다.

"와! 내가 이겼다!" 평소에 조용하던 영주가 소리친다.

조금 넓은 공간에 도착했다. 여러 종류의 나무가 다양해서 바닥에 떨어진 낙엽도 각양각색이다. 지도사님이 아이들에게 말한다. "이번에는 낙엽으로 멋진 왕관을 만들어 보겠습니다. 주변에서 예쁜 나뭇잎과 작은 가지를 주워 오세요. 열매도 됩니다."

아이들이 양손 가득 나뭇잎을 주워 왔다.

"조금 넓은 나뭇잎으로 몸통을 만들 거예요. 나뭇잎들을 겹친 후 그 사이로 작은 가지를 꽂아 연결해 주세요. 나뭇가지가 잘 안 들어가면 이쑤시개로 먼저 구멍을 내고 넣으면 됩니다. 이쑤시개 필요하면 이쪽으로 오세요."

아이들이 가져온 나뭇잎을 엮기 시작한다. 가늘고 힘 있는 나뭇가지들이 나뭇잎을 잇는다.

"머리 둘레만큼 되면 양쪽 끝을 연결하세요. 좀 튼튼한 가지로요."

다른 색 나뭇잎으로 그 위에 또 엮어서 장식한다. 맨 위에는 단풍잎이 가장 화려해 보인다. 처음 만드는데도 꽤 솜씨가 좋다. 훈조 왕관이 튼튼하게 생겼다. 정훈이가 나에게 들고 온다. "잘 안 돼요. 선생님."

아이들이 왕관을 모두 만들어 쓰고 하산한다. 가다가 우리 반 뒤 번호 팀을 만났다. 뒤 번호 아이들은 왕관을 쓰지 않았구나.

"와! 예쁘다. 너희, 왕관 만들었어? 우리는 나뭇잎으로 꼬치 만들었어." 아이들이 손에 나뭇잎을 꿴 막대를 들고 있다. 지도 사님들마다 프로그램이 조금씩 다른 모양이다. 아이들 표정이 밝다. 날씨가 좋아서 다행이다. 참나무 여섯 형제 구분하는 공부는 덕분에 내가 잘했다. '상굴떡 갈신졸', 잊지 말아야지.

귤 향기 가득, 겨울날들

11

						1
2	3	4	5	6	7	8
9	10		12	13	14	15
16	17	18	19	20	21	22
23/30	24	25	26	27	28	29

12

1	2	3	4	5	6	
7	8	9	10	11	12	13
14	⚽	16	17	18	19	20
21	22	23	24	🎅	26	27
28	29	30	31			

1

			1	2	3	
4	5	6	7	8	9	10
11	12	13	14	15	16	17
18	19	20	21	22	23	24
25	26	27	28	29	30	31

원형 달리기

11월 2일 수요일

 "선생님 오늘 체육 시간에 뭐 해요?" 아이들이 가장 즐겨 묻는 말 중 하나다. "오늘은 오랜만에 달리기 할 거예요."

 체육관에서 하면 좋은데 오늘은 우리 학년이 사용하는 날이 아니어서 교실 체육을 할까 하다가 춥다는 아이들을 데리고 운동장 수업을 하기로 했다. 6학년 아이들도 좋아했던 원형달리기 수업이다. 그동안 태권도 하느라 교실 수업을 많이 해서 아이들에게 햇살이 필요할 것 같았다.

1학기 초에 걷기, 달리기를 한 후로 이렇게 본격적으로 달리는 건 오랜만이다. 나가기 전, 칠판에 그림을 그려 설명을 한다. 너무 크지도, 작지도 않은 원을 그리고 세 개의 콘을 세운다. 분단별로 콘에서부터 원 안으로 한 줄로 선다. 배턴을 쥔 아이는 원을 한 바퀴 돌아 자기 분단 다음 친구에게 건네고 줄의 맨 뒤로 간다. 달리는 동안 다른 분단 친구를 터치하면 그 분단이 1점을 얻고 달리기를 모두 멈춘 후 방향을 바꿔 다시 시작한다. 1학기에 배턴 전해 주고 전해 받는 연습을 해서 말로만 설명했다.

아이들은 교실 밖에 나가면 일단 표정이 밝아진다. 아이들이 나를 볼 때도 그런 느낌을 가질까 궁금하다. 교실 밖에서는 내 표정도 변할까? 신발주머니를 들고 줄을 서서 계단을 내려갔다. 신발을 갈아 신고 줄을 선다. 운동장을 달린다. 한 바퀴 달리는 동안에도 어떤 아이는 전력질주를 하고 어떤 아이는 느리게 뛰다 운동장을 가로지르기도 하는 등 달리는 모습이 다 다르다. 보통은 저렇게 줄을 제대로 서지 않고 달리면 한 바퀴 더 뛰게 하는데 오늘은 수업 내내 많이 뛰어야 하니 그냥 넘어갔다.

분단별 두 줄로 서게 한 후 대형을 넓힌다. 체육부장 둘이 나와 서고, 아이들이 "하나, 둘, 셋, 넷" 복창을 하며 다 같이 체조를 한다. 머리에서부터 어깨, 허리, 무릎, 발까지 내려오는 순서에 따라 몸을 푼다. 팔 벌려 뛰기까지 열 번 하면 수업 준비가 끝난다.

아이들이 체조를 할 동안 운동장에 원을 그려 둔다. 분단별로 원 안에 들어가 줄을 서게 한다. 맨 앞줄 친구들에게 배턴을 준다. 손 호루라기 신호에 맞춰 아이들이 달리기 시작한다. 자기 분단 친구를 응원하는 목소리가 점점 커진다.

"잡았다!" 발 빠른 대균이가 지호를 잡았다.

"2분단 1점입니다. 이제 반대방향으로 달릴게요."

10분쯤 후, 아이들 이마에 땀이 맺혔다. 엄청 달리며 서로 잡고 잡혔다.

"잠깐 쉴까요?"

"아니요."

힘들어 보이는 아이들 몇 명은 스탠드에 앉혔다. 한두 번만 더 하고 그만해야겠다고 생각하고 있는데 주남이가 연주에게 잡히는 순간 넘어져 버렸다. 달리던 아이들과 응원하던 아이들 모두 놀라서 달려왔다. 두꺼운 바지를 입어서 무릎은 괜찮은데 손바닥이 모래에 긁혀 피가 맺혀 있었다. 연주를 비롯한 아이들 몇 명이 "보건실에 데리고 갈게요." 하고 얼른 주남이를 데리고 보건실 쪽으로 향했다. 이만하길 다행이다. 남은 시간 동안 100미터 달리기를 하고, 줄을 세워 교실로 들여보냈다. 주남이를 보러 보건실에 가니 이미 약을 바르고 교실로 올라갔다고 했다.

교실에 주남이가 먼저 와 있다. "괜찮아요?" 작지만 야무진 주남이가 "그럼요." 했다. 한시름 놓았다. 쉬는시간에 부모님께 주남이가 다친 상황에 대해 설명하고, 혹시 계속 아파하는지 지켜봐 달라고 메시지를 보냈다. 운동장에서 너무 세게 달리게 되는 활동은 피해야겠다. 다음에 원형달리기 할 때는 체육관에서 해야지. 운동장 모래가 너무 굵다.

비밀이야, 마니또

11월 11일 금요일

"선생님 우리 반도 마니또 하면 안 될까요?" 다정이가 조심
스레 묻는다.

"마니또에게 편지를 못 받는 친구도 있을 텐데 괜찮을까
요? 비밀 약속을 안 지키는 친구가 있을지도 몰라요."

"그래도 한번 해보면 좋을 것 같아요." 아이들의 간절함이
느껴졌다.

"그럼 어떤 방법으로 할지 정해 봅시다."

지난 주 학급 세우기 시간에 벌어진 일이다. 친구사랑의날인 11월 11일에 마니또 발표라, 너무 좋은 아이디어인 것 같았다. 월요일에 마니또를 뽑아서 일주일 동안 자신의 마니또에게 칭찬을 자주 하며 친절을 베풀기로 했다. 편지도 주기로 했다. 돈이 드는 선물은 자제하고, 대신 집에 있는 물건을 주는 건 허용하는 것으로 정했다.

"선생님! 사물함에 편지가 들어 있어요." 아이들의 들뜬 목소리가 한 주 내내 계속됐다.

드디어 마니또를 공개하는 금요일이 되었다. 자신의 마니또에게 편지를 써서 전해 주기로 했다. 한 명씩 자신의 마니또를 공개했다. 종이 왕관을 쓴 은기가 손에 편지를 들고 웃는다. 편지에 "선물은 없어. 대신 왕관을 만들어 줄게."라고 쓰여 있다.

"너였어? 재민이가 하도 나랑 놀자고 해서 재민이가 내 마니또인 줄 알았어." 기원이가 말한다. 웃음과 놀라움이 교차되는 시간. 아이들이 친구에게 한 걸음 더 다가갔기를.

"선생님! 마니또 또 해요!" 우리 문어들, 친구를 사랑해 주는 이 시간이 좋았구나.

귀신 놀이

오랜만에 비가 주룩주룩 내리는 스산한 아침. 아이들의 목소리가 더 커진다. 표현활동을 하기로 한 체육 시간에 아이들이 열심히 참여하면 선물을 주어야겠다.

"오늘은 비도 오고 하니 귀신 놀이 할까요? 모둠별로 표현활동 연습을 열심히 참여하고 남은 10분 동안은 귀신 놀이 해요."

"귀신 놀이가 뭐예요?" 아이들의 상기된 목소리.

"술래(귀신) 한 명이 교실 밖에 안대를 쓰고 나갈 거예요. 그동안 여러분은 교실 한 곳에 숨으면 됩니다. 귀신이 찾지 못할 곳에 숨으세요. 귀신 손에 닿으면 아웃입니다."

표현활동의 주제는 '우리 주변의 소리'다. 아이들은 자명종소리, 엄마의 잔소리 등을 역할극처럼 꾸며 몸으로 표현하는 활동을 연습했다. 다음 주 체육 시간에 발표하기로 했다. 딴청 피우는 아이 없이 다들 열심히 참여했다.

드디어 귀신 놀이 하는 시간. 아이스크림 막대로 술래를 뽑았다. 검정 안대를 쓴 정민이가 복도에 나간 사이 교실이 난리가 났다. 책상 아래로 숨는 선아, 테이블 위에 올라간 시연이와 민이. 훈조가 어디 갔지? 두리번거리며 찾아 보니 청소 용구함 문을 열고 뒤에 숨어 있다. 책상 위에 우산꽂이를 올리고 그 안에 머리를 넣은 채 거꾸로 숨은 주남이. 너무 웃겨서 사진으로 남겼다.

"다 숨었나요? 지금부터는 움직이면 안 됩니다. 술래 부를게요."

유튜브로 으스스한 음악을 검색해 틀었다. 불을 끄고 롤 블라인드까지 내렸더니 제법 무시무시한 분위기가 난다.

"선생님, 무서워요."

말과는 달리 다정이의 얼굴이 웃고 있다.

술래가 손을 더듬으며 조심스레 교실 안으로 들어온다. 몸이 술래의 손에 닿으면 아웃이 되어 칠판 앞으로 나와야 한다. 스릴 넘치는 3분의 시간.

문 옆 테이블 위에 있던 시연이와 민이가 잡혔다. 테이블 아래에 있던 은기도 잡혀서 나온다. 사물함 위에 올라가 있던 아이들도 차례로 나온다. 청소 용구함 뒤에 있던 훈조와 책상 위 우산 통에 들어가 있던 주남이가 끝까지 살아남았다.

"살아남은 두 친구가 술래입니다. 너무 많이 잡히니 이번에는 잡는 시간을 2분으로 할게요."

"나도 술래 하고 싶다." 아이들이 다시 숨으며 말한다.

귀신 놀이 진작 할 걸 그랬다. 아이들이 이렇게 좋아할 줄이야.

두 번째 작은 발표회

11월 30일 화요일

발표회를 1학기 때 해봤다고 이번에는 더 적극적이다. 시
연이는 세 번 출연하면 안 되느냐고 했다. 1학기 때는 두 번까
지만 허용했기 때문에 아이들에게 물어 보았다. 마음 넓은 친
구들이 허락했다. 1학기 때 쓰고 보관해 두었던 작은 발표회
플래카드를 찾아내어 뒤쪽 게시판에 붙이고 이번에도 뒤쪽을
보게 자리 배치를 했다.

주남이와 도길이의 저글링으로 발표회를 시작했다. 다리 사이로 공을 보냈다가 서로 주고받기를 한다. 연습을 많이 해서 제법 잘한다. 여자 아이들의 노래가 이어졌다. 〈사건의 지평선〉이라는 곡이다. 시연이가 집에서 가져온 반짝이 볼 조명과 마이크 덕분에 화려한 무대가 되었다. 선아가 만들어서 보내 준 캐릭터 꾸미는 영상을 보는 아이들의 눈이 반짝였다. 여자 아이들의 아이브(IVE) 댄스 공연은 정말 귀여웠다. 쉬는시간마다 연습하더니 칼 군무를 제법 잘 춘다. 도구를 이용한 마술 공연은 진지했고, 언제 연습했는지 은기의 젓가락 행진곡 피아노 연주도 멋졌다. 기원이의 컵 쌓기도 박수를 많이 받았다. 우쿨렐레를 연주하면서 노래하는 연주는 실력이 정말 대단하다. 친구들이 노래를 같이 따라 불렀다. 바이올린 방과후 수업을 계속 받은 정민이와 선빈이는 실력이 부쩍 늘었다. 앞으로도 꾸준히 연습하기를. 목청 예쁜 훈조와 얌전이 여자 친구들의 〈에델바이스〉는 정말 감동적이었다. 만들기 작품을 설명하거나 독무(혼자 추는 춤)를 보여주는 친구도 있었다.

학기 초에 아이들이 각각의 쌀알이었다면 지금은 뽀얗게 뻥 튀겨져 엿기름으로 뭉쳐진 맛있는 강정이 된 느낌이다. 각각의 재능이 모여 아름다운 발표회를 일궈 냈다. 나의 자랑스러운 문어들이다.

목도리를 뜨자

12월 6일 화요일

    지난 주 미술 시간에 아이들에게 목도리 뜨기 용 털실과 대바늘 세트를 나눠 주었다. 어렸을 적 엄마 옆에서 겨울마다 뜨개질하던 따스한 기억 때문에 아이들도 뜨개질을 해보면 좋을 것 같다는 생각이 들었다. 소근육 발달에도 좋다. 예산이 많지 않아 비싸지 않은 것으로 샀다.

    첫날은 두 시간 내내 일일이 가르쳐 주었다. 한번에 바로 알아듣는 아이들도 있었지만 아무리 설명해도 어떻게 실을 걸고 빼야 하는지 모르는 아이도 많았다. 그래도 포기하지 않고 다들 열심히 했다. 쉬는시간은 물론 수업시간에 일찍 과제를 끝낸 아이들이 실을 꺼내 뜨개질을 했다.

한 뼘 정도 뜬 아이도 있고 계속 풀었다 다시 뜨느라 손가락 한 마디만큼만 뜬 아이들도 있다. 사실 뜨는 건 어렵지 않은데 잘못해서 코가 빠지거나 풀렸을 경우 다시 원래대로 되돌리는 걸 아이들은 어려워한다. 그래서 내가 있지 않겠나? 코가 빠지면 쪼르르 달려 나와 호들갑 떨며 말한다.

"선생님, 어떡해요? 이렇게 됐어요."

혼비백산한 얼굴을 보며 미소를 짓는다.

"괜찮아요. 이렇게 하면 되지요." 풀린 코를 걸어 원상복구 시켰다.

"다행이다."

부모님들 중 뜨개질을 하시는 분들은 집에 있던 고급 실을 보내 주셨다. 지호가 알록달록 색이 섞인 포근한 느낌의 털실을 가져와 아이들의 부러움을 샀다. 엄마에게 제대로 배운 지호는 뜨개질하는 손이 빨랐다. 쉬는시간마다 지호 주변에 아이들이 모여들었다.

왁자지껄 가끔은 뛰기도 했던 쉬는시간이 조용해졌다. 삼

삼오오 옹기종기 모여 뜨개질을 하고 있는 아이들. 평소에 잘 어울리지 않던 아이들이 같이 묻기도 하고 서로 칭찬하기도 한다. 아이들과 헤어진 후에도 이 다정한 모습은 오래 기억날 것 같다.

오늘 아침, 공부라면 고개를 설레설레 흔드는 은기의 목도리를 보고 아이들도 나도 깜짝 놀랐다. 기계로 뜬 것처럼 가지런했다.

"엄마가 해주셨어?" 친구들이 물었다.

"아니. 내가."

"진짜야? 너무 잘 떴다."

1미터도 넘게 뜬 목도리 끝에 남은 실 뭉치가 조그맣게 달려 있다. 완성이 멀지 않았다. 쁘띠 목도리라 다 뜬 길이가 120센티미터 정도다.

"은기 님이 제일 먼저 완성하겠어요."

아이들이 부러워했다.

"니 거 다 뜨면 내 것도 좀 해주면 안 돼?"

주민이가 묻는다.

"그래."

아이들은 뭐든 잘하는 게 있다. 뜨개질 안 했으면 알 수 없었을 은기의 재능.

"다 뜬 친구들 목도리를 선생님이 마무리하고, 이 목각인형을 드리겠습니다."

아이들의 손이 빨라진다. 사실 3학년이 목도리를 완성하는 건 어려운 일이다. 다음 주쯤에는 한 뼘 정도만 뜬 아이들도 마무리해 줄 생각이다.

변형 피구 놀이

12월 15일 목요일

우리 학교에는 다목적실이 있어 체육관을 이용할 수 없는 날에도 체육을 할 수 있다. 일주일에 한 번씩 아주 잘 활용한다. 바닥에 선이 그려져 있고 벽 쪽에 의자가 쭉 놓여 있어 놀이하기 좋다. 바닥이 딱딱한 게 흠이지만 좁아서 그렇게 빨리 달리지는 않기 때문에 넘어지는 일이 많지 않다.

추워서 웅크리고만 싶어지는 아이들에게 땀을 실컷 흘리게 해야겠다. 한 달 동안 체육활동을 열심히 하면 한번씩 아이들이 좋아하는 피구나 축구를 한다. 오랜만에 피구를 하자. 교실 두 칸 크기인 다목적실은 기존 피구를 할 정도로 넓은 공간이 아니어서 변형피구를 하기로 했다. 교실에서 먼저 설명한다.

"오늘은 두 가지 피구를 할 거예요."

"와!"

피구라면 무조건 좋아하는 아이들이다.

"처음에는 개인 피구, 다음에는 찜 피구입니다. 1학기 때 해 봐서 기억나겠지만 한 번 더 이야기 할게요. 개인 피구는 사각형 안에 모두 들어가 누구든 공을 잡고 아무에게나 던집니다. 공에 맞은 친구는 사각형 테두리 바깥을 한 바퀴 돌아 다시 들어오면 됩니다. 너무 세게 던지거나 얼굴 쪽으로 던지지 않도록 주의하세요. 처음에는 공 하나로, 다음에는 두 개로 할게요. 찜 피구는 팀별로 두 명이 안으로 들어갑니다. 들어간 두 친구는 공을 잡은 채로는 한 발을 고정하고 한 발만 움직입니다. 패스는 할 수 있으나 던진 공에는 아웃되지 않고 공을 손에 잡은 채 친구에게 공을 닿게(찜) 해야 아웃입니다. 밖에 있는 친구들도 찜 할 수 있어요. 3분 동안 많이 살아남는 팀이 이깁니다. 무엇보다 중요한 건 서로 배려하는 마음인 것 알지요? 다치지 않도록 주의하고 즐겁게 경기해요. 이기고 지는 건!"

"중요하지 않다!" 아이들이 합창한다.

줄을 세워 이동한 후 체육부장이 앞으로 나와 함께 체조를 하고 바로 개인피구를 시작했다. 던지는 아이도, 맞은 아이도 싱글벙글이다. 장난치다 여러 번 아웃된 정민이는 여러 바퀴째 테두리를 돌고 들어가면서 헉헉댄다. 연수가 자주 공격한다. 공에 대한 집착이 있어야 발 빠르게 뛰어가 잡는다. 선빈이와 영진이가 손을 잡고 있다가 동시에 맞았다. 둘이 웃으며 같이 테두리를 뛴다. 공을 두 개로 바꾸니 아이들이 우수수 나온다. 아이들의 숨소리가 거칠어지고 뛰는 게 걷기로 바뀔 즈음 경기를 마무리했다. 8분밖에 안 걸렸다. 짧은 시간에 몸을 많이 움직일 수 있어 좋은 것 같다.

잠깐 쉬게 한 후 찜 피구를 시작했다. 찜 피구를 위해서는 팀 조끼를 입는 게 좋다. 앞 모둠(1, 3, 5모둠)을 A팀으로 뒤 모둠(2, 4, 6모둠)을 B팀으로 나누고 색깔을 달리해 교실에서 조끼를 미리 나눠주고 입게 했다. 안에 들어갈 사람을 뽑는 게 관건이다. 서로 하겠다고 난리다.

"가위바위보로 남자 여자 한 명씩 정하세요."

A팀이 먼저 공격하기로 하고 테두리에 선다. 정민이, 선아

가 들어간다. 신호 울리기가 무섭게 아이들이 빠르게 움직인다. 연주가 먼저 아웃되었다. 아웃된 아이들은 자기 팀 의자에 앉아 팀을 응원한다. 기원이도 나온다. 연이어 밖으로 나오는 아이들. 도길이의 날렵함이 빛나는 순간이다. 어찌나 요리조리 도망을 잘 다니는지. 결국 도길이와 윤선이가 살아남았다. B팀 공격이다. 시연이와 주남이가 들어간다. 둘이 손발이 잘 안 맞다. 패스하다 놓쳐 공 잡으러 가느라 시간이 흐른다. 테두리에 선 아이들이 오히려 숨어있던 아이들을 아웃시킨다. 연주는 B팀 아이 옆에 붙어 있다가 아웃되었다. 공격 잘하던 정민이가 피하는 것도 잘한다. 결국 네 명이 살아남았다.

"선생님 또 해요!"

"그럼 시간이 없으니 2분씩만 하겠습니다. 안에 들어갈 친구를 다시 정하세요."

결국 쉬는시간까지 두 번씩 더 하고 간단한 정리체조 후 수업을 마쳤다. 다목적실이 후끈하다. 아이들이 교실로 가면서 말한다.

"선생님 오늘 한 것 다음에도 또 해요."

바구니에 담긴 아이들의 팀 조끼가 축축하다. 오늘은 조끼를 빨아야겠다.

160

낙서도 예술

12월 20일 화요일

미술 진도가 끝나 재미있는 활동을 찾아보다가 옆 반 선생님의 아이디어를 빌렸다. 그림이나 사진이 있는 잡지나 신문을 가져오거나 인쇄가 가능한 친구들은 사진이나 그림을 인쇄해 오라고 했다. 안 가져온 아이들은 학교 도서관에서 버리려고 모아 두었던 과학 잡지를 기증받아 책 속 그림을 골라 자르게 했다.

두 시간 내내 진지하게 오리고 붙이고 그린 아이들의 작품은 정말 기발했다. 고동과 오이를 이용해 달팽이를 그린 경지는 오이 사진을 세워 오이 숲을 만들었다.

"너무 힘들다."

"이제 조금만 더 가면 오이 숲이야. 힘 내!"

달팽이들의 대사가 귀엽다.

선아는 냄비 그림에 각종 야채가 줄을 선 그림을 만들었다. 안내문에는 '샐러드카레 입수실 1m'라고 쓰여져 있다. 포크와 숟가락이 "줄을 서고 이름을 말해 주세요."라고 말하고 그 옆에 선 토마토가 "반쪽 토마토요!" 하고 외친다.

다정이는 배추로 코를, 오이로 눈을, 아스파라거스로 입을 붙인 초록 괴물을 만들었다. 양배추 베이컨 말이 위쪽에 잠자는 얼굴을 그려 넣은 시연이의 그림 앞에서 아이들이 한참 웃는다. 빨래집게로 가재를 그린 아이, 뾰족한 이빨 가득한 물고기로 변신한 빨래집게를 낚는 오리……. 작품이 담긴 스케치북을 창틀에 쭉 올리니 쉬는시간 내내 친구들 작품 앞에서 와글와글 토론이 이어진다. 유연하고 창의적인 아이들의 아이디어에 놀란 날이다.

겨울에는 축구를

12월 22일 목요일

우리 반 아이들은 한 해 동안 가끔 다 같이 축구를 즐겼다. 골대 주변을 좋아하는 아이들도 있지만 여자아이 남자아이 할 것 없이 대부분 적극적으로 참여한다. 공기가 싸늘해진 다음부터는 축구를 잘 하지 않았는데 이 추운 날 갑자기 말수 적은 은기가 체육 시간에 축구를 하자고 제안했다.

"밖은 지금 추워요. 감기 걸릴지도 모르는데 괜찮겠어요?"

"햇살이 따뜻해 보여요. 선생님, 같이 축구해요!" 아이들이 동참한다.

요즘 체육 시간마다 실내에서 활동하느라 아이들이 좀이 쑤신 모양이다. 진도도 거의 끝났으니 놀고 싶은 문어들과 실컷 뛰다 들어와야겠다.

운동장에 나가자마자 아이들이 뛰어다니기 시작한다.

"아이 추워!" 롱 패딩을 걸친 아이들이 움츠린다.

"춥다고 했잖아요. 들어갈까요?"

"아니요!" 아이들이 하나같이 외친다.

마구 뛰어다니는 아이들을 모아 체조를 하고 여섯 모둠을 두 편으로 나누었다. 체육관에서 가져온 축구공으로 경기를 시작했다.

"땅이 얼어 딱딱하니 넘어지지 않게 천천히 달리세요."

10분쯤 지났을까? 아이들이 패딩을 벗기 시작했다. 심판 하느라 아이들과 같이 뛰는 나도 추위를 느낄 수 없다. 대균이 가 한 골 넣었다.

"와! 와!" 대균이 편 아이들이 환호성을 질렀다.

조금 후에 도길이도 한 골 넣었다.

"1대 1일입니다."

시연이가 공을 몰고 달린다. 한 골 넣나 했더니 정민이가 뺏어서 반대편으로 달려간다. 다정이가 다시 공을 가로챘다. 아이들 경기가 월드컵을 방불케 한다. 땀을 흘리기 시작하는 아이들. 콧속으로 들어오는 공기가 시원하게 느껴진다.

결국 1대 1로 경기를 마치고 들어오는 길에 아이들이 와글거려 가서 보니 땀 많은 정민이 뒷머리에 고드름이 붙어 있다. 땀이 고드름이 된 건 처음 봐서 아이들도 나도 엄청 웃었다. 한겨울의 축구 경기, 잊을 수 없는 시간. 감기에 걸리면 안 돼, 애들아.

연극 수업

12월 30일 금요일

국어 진도가 거의 끝났다. 얼마 전『교과서로 연극하자』(구민정, 권재원)와『수업 놀이』(나승빈)을 읽다가 아이들과 연극 수업을 해보면 재미있을 것 같다는 생각을 했다. 원래 수업시간에 꽁트나 역할극을 만들어 발표하는 활동을 많이 해봤지만 연극만을 위한 수업은 한 적이 없어 해보고 싶어졌다. 다른 데서 찾은 내용과 합쳐 '최면 걸기'와 '조각상 만들기', '거울놀이',

'영화감독 되기'를 하기로 했다.

　책상을 뒤로 치우고 모둠 안에서 짝을 지어 최면 걸기를 했다. 남녀 짝끼리 하는 아이들도, 모둠 안에서 여자끼리, 남자끼리 하는 아이도 있었다. 가위바위보 후 이긴 사람이 최면술사가 된다. 진 사람은 최면술사의 손과 자신의 얼굴 간격을 이삼십 센티미터로 유지하며 최면술사가 손을 움직이는 대로 같이 움직인다. 아이들이 신이 났다. 최면술사도, 최면 걸린 아이도 웃음을 멈추지 않는다. 기원이, 정훈이가 자지러지며 바닥을 구르기 시작한다.

　다음은 조각상 만들기다. 가위바위보를 한 후 이긴 사람이 조각가, 진 사람이 조각상이 된다. 조각상은 조각가가 손대는 대로 움직인 후 멈춘다. 조각가는 자신의 작품이 무엇을 표현한 것인지 말한다. 연수가 재민이를 거미로 만들었다. 조각 작품인 재민이가 스스로 생명을 얻어 바닥을 기어 다닌다. 거울놀이는 아이들이 가장 쉽게 이해했다. 한 명이 거울, 다른 한 명이 사람이다. 사람이 하는 대로 거울이 따라 움직인다.

　마지막에는 아이들에게 종이를 한 장씩 나눠 주고 친구에게 연기 시킬 내용을 하나씩 적으라고 했다. 생각 안 나요, 하던 아이도 다 적을 즈음 활동을 시작했다. 노래에 맞춰 교실을 돌아다니다가 노래가 멈췄을 때 만난 친구와 가위바위보를 한다. 이긴 사람의 쪽지에 쓰여 있는 활동대로 진 사람이 표현한다. 갑자기 노래하는 재민이, 엄마에게 잘못했다고 비는 선빈이, 슈퍼히어로가 된 정훈이······. 교실이 온통 떠들썩하지만 아이들의 웃음소리가 멈추지 않는 이 시간이 계속되었으면 하는 마음으로 흐뭇하게 바라보며 다시 노래를 틀었다.

아이들이 종이를 더 받으러 온다. 아이들의 메모가 점점 과격해지는 것 같아 자리에 앉히고, 소감 듣는 시간을 가졌다.

"내가 시키는 대로 친구가 하니 재미있었어요."

"평소라면 하지 않을 행동을 해보는 게 신기했어요."

다음 쉬는시간 내내 아이들의 연극이 계속되었다는 뒷이야기가 있다.

함께 잘 놀기

과거에 비해 형제가 적은 요즘 아이들 중에 함께 노는
방법을 모르는 경우가 있습니다. 다른 사람을 이해하는
생각의 폭도 넓지 않습니다. 교실에서 놀이나 연극 활동을
통해 남의 입장이 되어 보는 경험을 쌓는 것이 매우
중요합니다. 그 과정에서 상대방을 존중하는 마음과
민주시민의식이 커진다고 『교과서로 연극하자』(구민정·권재원
지음, 다른, 2018)의 저자들은 말합니다. 본격적인 연극 활동
전에 거치는 웜업 단계는 그 자체로도 훌륭한 수업 내용이
될 수 있습니다. 후라이팬 놀이나 텔레파시 박수(짝, 짝짝,
짝짝짝) 같은 웜업 활동을 통해 아이들은 연극 활동에
순식간에 빠져듭니다. 본 활동인 '전문가의 망토'나 '역할
속 교사'는 학생이 전문가가 되어 문제를 해결하는
상황을 연출합니다. 빈 의자(역할 바꾸기), 핫 시팅(이야기
주인공에게 질문하기), 타블로와 즉흥극(정지장면, 조각상 등),
인간 지도(교실에 흩어진 아이들이 특정 장소가 됨)와 같은 드라마
기법을 활용한 연극 활동 외에도, 물건 알아맞히기나 눈길,
자갈밭 등 상황을 상상하여 다양한 걸음걸이를 하는 놀이
활동도 좋은 연극 수업입니다. 저자는 활동 후 소감 나누기를
권합니다. 연극은 전 교과에 두루 사용할 수 있는 좋은

활동입니다. 교실 연극 활동에 관한 책이 많으니 흥미가
느껴지는 것으로 찾아 읽어보면 수업에 큰 도움이 될 것
같습니다.

교실 놀이에 관한 책들도 다양합니다. 교실 놀이로
유명한 나승빈 선생님은 『수업 놀이』(맘에드림, 2017)라는
책에서 수업에 바로 쓸 수 있는 여러 놀이와 연극 활동을
소개합니다. 『서준호 선생님의 교실놀이백과 239』에도 도구
없이 할 수 있는 놀이, 교실에서 구하기 쉬운 도구를 이용한
놀이들이 그야말로 백과사전처럼 펼쳐져 있습니다. 『놀이터
학교 만들기』(공창수 외, 지식프레임, 2015)에는 교실에서 할 수
있는 활동적인 술래잡기나 공놀이 외에 핸드폰이나 스마트
기기를 활용한 놀이도 소개되어 있습니다. 요즘은 유튜브에
조금만 찾아보아도 부지런한 선생님들이 올린 다양한 놀이가
쏟아집니다. 시간 날 때 따로 모아두었다가 필요할 때
요긴하게 사용하면 좋을 것입니다.

울보

1월 5일 목요일

종업식 날이다. 반 아이들과 둥글게 앉아 그동안의 이야기들을 나눈다. 통지표를 주고, 아이들이 짐을 하나도 남기지 않도록 다 챙겼다. 마지막 인사를 하고 보내는데 아이들 몇 명이 편지를 들고 온다.

"한 해 동안 정말 행복했어요. 사랑해요. 항상 건강해야 해요." 아이들에게 진심을 담아 인사한다. 종업식이 끝나고 바로 졸업식이어서 편지를 제대로 읽어보지 못한 채로 체육관으로 향한다. 졸업식 후 의자들을 다 정리한 뒤 선생님들과 점심 자리에 앉았다. 한 해 동안 거의 매일 보다시피 했던 선생님들을 앞으로 보기 어렵다는 생각을 하니 아쉬운 마음이다.

점심을 먹고 교실로 돌아와 아이들이 남기고 간 편지를 읽다가 왈칵 눈물을 쏟았다.

이렇게 친절한 선생님은 못 봤어요. 언제나 잊지 않을게요.
선생님께서 다른 학교로 가시지만 저희는 선생님을 잊지 않을 거예요.
언제나 선생님 같은 사람이 되도록 노력하겠습니다.
3학년 시간이 너무 짧아서 아쉬웠어요.
가르침 상 – 위 선생님은 힘든 선생님이란 직업을 가지고도 열심히 아이들을 가르치기에 이 상장을 수여합니다.

일주일 동안 짬짬이 싸던 짐을 마저 싸며 계속 훌쩍인다. 5년 사이에 짐이 많이 늘었다. 미리 하나씩 집에 가져갔는데도 불구하고 아직 많이 남았다. 아이들 보라고 학급문고로 가져다둔 동화책과 영어책, 내 책도 한 박스, 집에서 가져다 둔 청소도구들, 그리고 자질구레한 짐들까지 다 챙기니 꽤 많다. 먼지 하나까지 깨끗이 닦고 컴퓨터 파일들을 정리하는데 또 눈물이……. 아이들을 못 본다는 생각, 오늘이 이 학교에서 지내는 마지막 날이라는 생각에 그동안의 일들이 스쳐 혼자 소리 내어 엉엉 운다.

방과후 학교 수업을 마친 지연이, 선아, 시연이가 마지막 인사를 하러 왔다. 아이들을 보니 또 울컥한다. 집에 돌아와 아이들이 준 편지들을 꺼내 읽다가 또 눈물을 흘리고, 이 글을 쓰는 지금도 가슴이 먹먹하다. 밤에는 영화를 보러 갔다가 슬픈 영화를 핑계 삼아 또 엉엉 울었다. 내가 왜 이러지?

폰에 담긴 아이들의 사진을 본다. 사진 찍을 때마다 웃으며 달려오던 아이들, 앞으로 많이 보고 싶겠다. 눈을 마주치고 웃으며 이야기할 날이 다시 올지 모르지만 한 번 제자는 영원한 제자이니 앞으로 잘 성장하기를 바라는 마음으로 나의 문어들을 늘 응원해야겠다.

언제나 처음처럼 다시 시작할 준비

며칠 전, 음악줄넘기 지도자 3급 자격연수에 다녀왔습니다. 새 학기에 체육전담교사를 할 예정이라 준비하는 의미도 있겠고, 줄넘기를 가르쳐 달라 하시는 편집자님의 귀여운 요청도 있어 '도장 깨기' 하는 마음으로 연수를 신청했습니다. 제가 다니는 태권도장에 성인반이 없어지면서 줄넘기를 가뭄에 콩 나듯 하던 저는 하루 종일 줄넘기하는 연수를 소화할 수 있을지 걱정되는 마음을 안고 연수 장소에 도착했습니다. 첫 활동이 짝 줄넘기였습니다. 열심히 또래 연수생을 찾았으나 젊은 태권도 사범님과 짝이 되고 말았습니다. 실력이 수준급인 그분에게 피해를 드릴까 봐 열심히 했지만, 머리와 손발이 따로 움직이는 바람에 "미안해요!"를 몇 번이나 말했는지 모릅니다. 하지만 그분의 도움이 있었기에 그 어려운 줄넘기 동작들을 모두 해낼 수 있었습니다.

생각해 보니 매사가 그랬습니다. 무엇이든 첫 배움은 어설펐고, 때로 민폐를 끼쳐가며 창피함을 무릅써 왔습니다. 그렇다고 썩 나아진 것 같지도 않은 채 지금도 하고 있습니다. 태권도가 그랬고, 바이올린이 그랬습니다. 책 쓰기도 마찬가지입니다. 이하영 편집자님을 만나지 않았다면 첫 책 『태권도와 바이올린』은 세상에 없었을 것입니다. (처음부터 다시 쓸 용기를 주신 대표님, 감사합니다.) 첫 책을 작업할 때 얼른 마무리하고픈 마음에 원고를 성급히 보냈다가 몇 번을 수정하며 편집자를 괴롭혔는지 모릅니다. 이번 책은 좀 나았기를 바랍니다. 앞으로도 '썩 나아진 것 같지도 않은 채' 계속할지도 모릅니다. 태권도와 바이올린을 여전히 하고 있는 것처럼 책도 꾸역꾸역 쓰겠지요.

음악줄넘기 지도자 3급 자격을 얻는 과정에서 줄넘기의 재미를 알았으니 한동안은 줄넘기에 몰두하지 않을까 싶습니다. 나이 탓을 하며 도전하지 않았다면 느끼지 못했을 즐거움이지요. 교육받던 날 우연히 점심을 같이하게 되면서 서로를 응원했던 또래 강사님들의 얼굴이 떠오릅니다. 우리는 그 지옥훈련에서 끝까지 함께 살아남았습니다. 한 분은 오후 수업 때 갑자기 허리를 삐끗해 포기할 상황을 맞기도 했지만, 우리의 위로와 격려로 진통제를 뿌려 가며 끝까지 해내셨습니다. 저도 목표한 대로 연구년을 잘 마칠 수 있을까, 걱정되는 순간이 적지 않았지만 그때마다 마치 약속이라도 한 것처럼 도움의 손길이 닿아서 무사히 마무리할 수 있었습니다. 이제 또 새로운 일들이 파도처럼 밀려들 것이지만, 마음 가득 충전된 에너지를 잘 풀어내며 잘 살아갈 수 있을 거라 믿습니다.

마지막 페이지를 닫는 글을 쓰고 있는 지금 이 순간, 제 마음은 이 겨울 끝에 다시 만날 동료 선생님들, 새로 만날 아이들에 대한 기대와 희망으로 가득 차 있습니다. 우리는 매년, 매 학기, 매일을 두려움과 떨림으로 시작하지만 우리 교사들에게는 언제나 교직생활의 보람과 고통을 함께 나눌 동료들이 있습니다. 우리는 끝까지 잘해 낼 수 있을 것입니다. 돌아오는 새 학기에도 파이팅입니다.

2024년 12월

김지혜